이재명

노무현의 낯선

희망

이재명
노무현의 낯선 희망

1판 1쇄 인쇄 | 2021년 12월 8일
1판 1쇄 발행 | 2021년 12월 14일

지 은 이 | 현정수
펴 낸 이 | 천봉재
펴 낸 곳 | 일송북

주   소 | 서울시 성북구 성북로 4길 27-19(2층)
전   화 | 02-2299-1290~1
팩   스 | 02-2299-1292
이 메 일 | minato3@hanmail.net
홈페이지 | www.ilsongbook.com
등   록 | 1998.8.13(제 303-3030000251002006000049호)

※ 책값은 뒤표지에 있습니다. 잘못된 책은 구입처에서 교환해 드립니다.

이재명

노무현의 낯선

절망

알종북

민중은 말한다

지금은 부패 기득권 카르텔과의 최후 대첩이라고

2015년 9월 성남시는 "1인당 분기별 25만 원씩 연간 100만 원의 '청년배당금'을 지급한다."는 내용으로 관련 조례를 입법 예고하고 사회 보장 기본법에 따라 보건복지부에 청년 배당 정책 도입 협의를 요청해 놓은 상태였다. 이는 '박근혜 정부도 청년 배당 정책을 채택하라'는 담대한 제안이었다. 그로부터 2년 뒤 2017년 2월, 영국의 가디언은 핀란드의 기본 소득 실험을 소개한 기사에서 이재명 지사를 일론 머스크(테슬라 최고경영자), 로버트 라이시(전 미국 노동부 장관), 브느아 아몽(프랑스 사회당 정치인)과 함께 세계적인 기본 소득 주창자로 꼽았다. 세계는 기본 소득을 깊이 연구하고 있으며 기본 소득 정책으로 삶의 질을 높여 미래로 달려야 한다는 시대 정신을 읽게 하는 소식이었다.

당시 '청년 배당'이라는 생소한 정책에 대해서는 많은 사람이 회의적이었다. 정부가 돈을 주니 청년들이 일할 생각을 안 한다는 것이다. 그러나 이재명 당시 시장은 '분기별 수령하는 25만 원에 의지해서 자신의 미래를 포기할 청년은 없다. 그 25만 원은 자신의 미래 개척을 위하여 도서비나 경비로 요긴하게 쓰일 수 있으며 꼭 필요한 교제를 위한 교통비와 찻값 등으로 소요될 테니 의미가 크다. 이는 자기발전을 도모할 최소 경비가 되거니와 희망을 잃은 재원에게 보내는 정부로부터의 위로'라는 논조로 취지를 밝혔고 이는 맞는 말이었다. 이 배당금을 지원 받은 많은 청년이 그 돈을 유용하게 사용했고 삶의 위로를 받았다는 감사의 뜻을 전해 왔다.

청년 배당은 그들이 받는 '지원'이 아니라 그들이 벌어들이는 '소득'의 의미와 형식을 지닌다. 그래서 '지원금'이 아니라 '소득'이다. 이는 어려운 청년기를 돌파해 온 이재명이라는 사람의 현실 점검이 완료된, 미래를 내다보는 통찰에 의한 정책이었다. 이 낯선 정책은 성공을 거두었고 기본 소득이라는 개념으로 다시 확장되어 실행되었다. 이 또한 이재명의 마음과 의지 속에서 오랜 동안 갈무리되어 온 정책이었다. 그뿐 아니라 의료 공공 지원이라든가 교복 무상지원, 유기농 과일 지원 등 그 밖의 다른 무수한 정책도 그러했다. 모든 정책의 기반에는 '국가의 주인은 국민'이라는 주권 의식이 자리매김되어 있다. 이는 그 자신의 체험 속에서 발의되어 오랜 기간 연구와 검증을 거친 후 많은 학자와 함께 세계 경제 정책의 흐름을 분석하고 견주어서 확립된 것들인데, 일면 세계의 시각을 주도하고 선도하는 경향을 띤다. 그의 복지정책 속내는 이러하다.

"복지는 가난한 자들을 위한 자선이나 시혜가 아니라 주권자의 인간다운 삶을 위해 헌법이 부여한 국가의 의무이자 국민의 권리입니다. 국민은 자신의 더 안전하고 더 나은 삶을 위해 세금을 내고 대리인을 선출해 권력을 위임한 후 공동체의 안전 보장과 질서 유지, 번영을 위하여 일하도록 명령합니다. 정부의 모든 재원은 국민의 것으로서 정부는 국민의 일을 대리합니다. 때문에 국가적 재난으로 국민 모두가 위기를 당했을 때에는 정부의 재원과 권한으로 국민의 무너지는 삶을 보듬고, 침체되는 경제를 살리며, 미래의 불안을 제거해야 합니다. 그것은 정부의 의무이며 국민이 당당하게 요구할 권리입니다. 이를 위한, 국민을 대상으로 하는 재정지출은 국민의 권리로서 당당하게 요구할 소득입니다."

민주 헌법을 사실 그대로 국민에게 재인식시키며 한 치도 어김
없이 실행하겠다는 이재명의 의지는 대선 출마 선언문 첫머리에도
그대로 드러나 있다.

　　"대한민국은 민주공화국이다. 대한민국의 주권은 국민에게 있고
모든 권력은 국민으로부터 나온다. 대한민국 헌법 1조를 읽으며 두
렵고 엄숙한 마음으로 20대 대통령선거 출마를 선언합니다."

　　청소년기를 공장 노동자로 지내 온 이재명의 고뇌는 '과연 나에게
도 인권이라는 게 있기는 한 걸까?'라는 것이다. 그러한 그가 법학을
공부하면서 마주친 현실은 민주 투사들이 고문으로 죽고 최루탄에
맞아죽는 일이 속출하던 시기였다. 거듭되어 온 이재명의 고뇌는 마
침내 노무현 인권 변호사에 의해서 불이 당겨졌다. 이재명이라는 거
대한 잠재력은 노동권 변호사, 인권 변호사로서 사회 봉사를 하면서
시민 운동을 일으켰다. 수많은 시민이 참여했고 드디어 민중의 소리
로서 거스를 수 없는 힘을 갖추게 될 무렵 그는 '의료는 공공 지원되
어야 한다'는 기본 복지에 관한 신념대로 움직이다가 급기야 구속까
지 당하게 되었다. 아마도 그 일이 부패 기득권 카르텔 세력과의 맞
대결에서 얻은 첫 번째 외상일 것이다. 불의에 관한 한 시초부터 반
항아요 영원까지 항거할 이 문제아는 결국 그 일을 기화로 현실 정

치에 뛰어들어 투사가 되었다. 수치와 오욕이 물든 법정 공방 중에
도 꺼지지 않는 그 불은 과연 어떤 불일까?

　노무현의 어머니는 모난 돌이 정 맞는다, 계란으로 바위 치지 마
라!"고 아들을 훈육했다. 이 훈육은 시대를 초월하여 어머니가 아들
에게 호소하는 당부이다. 그러나 역사가 보여주는 바와 같이 억센
남편과 억센 아들들은 이 말을 거슬렀다. 조선시대에도 마찬가지였
다. 조광조가 그랬고 정여립이 그랬고 전봉준이 그러했다. 그들이
구현하고자 하던 세상은 다름 아닌 대동 세상이었다. 그러나 왕의
나라를 백성의 나라로 만들려는 그들의 운동은 반역이었다. 그 때
문에 신분이 높은 사람들은 당파 정쟁에서 사화를 당하여 쓰러져 갔
고, 그 외 무수한 양민은 그냥 무참히 학살되었다. 그럼에도 그 운동
은 이 시대로 와서까지 그치질 않는다. 왜일까?

　이유는 간단하다. 원래 주인이 우리이기 때문이다. 그런데 "원래
주인이 백성이라는 사실을 감춰 온 왕 때문에 백성은 이 나라가 왕
의 나라라고 잘못 알아 온 것이다." 이 책에는 그렇게 그려 있다. 계
란으로 바위를 치던 민주 인사들은 어쩌면 조선을 살던 선각이 대한
민국으로 환생한 존재일지도 모른다. 그러한 존재들 중 이미 여럿
의 바보가 그들 기득권에 의해 알게 모르게 희생되었다. 그래도 민

중의 시퍼런 의식은 계란으로 바위치기를 멈추지 않았다. 이 책에서 그들은 이재명의 마음방으로 들어간다. 그리하여 그들, 거대한 의식으로 깨어난 민중의 의념은 이재명의 마음방을 채운다. 그리고 이재명의 입을 빌어 말한다. '이 전쟁은 부패 기득권 카르텔 세력과의 최후 대첩'이라고.

　이와 같이 이 책은 소년 이재명부터 현재까지 그의 내면을 그려본 성장 스토리이다. 때로는 동화처럼 때로는 소설의 형태가 차용되었다. 그렇게 그려진 이재명의 심리라는 건 아마도 민중의 바람일 것이다. 아무리 애를 써도 그대로인 불공정한 삶 속에서 이제는 정말, 기회라도 균등하게 주어지길 고대하는 민중의 염원일 것이다.

2021년 12월

차례

책 내용의 이해를 돕기 위해
19편과 20편을 앞쪽으로
끌어내었습니다.

어두운 새벽

이재명의 마음속에는 방도 있고 하늘도 있다. 거기에
는 소년 이재명이 살고 있다. 소년은 네 마리의 다 자란 황조롱이를
데리고 있다. 황조롱이의 이름은 예리, 정확, 빠름, 여유이다. 황조
롱이들은 소년 이재명의 꿈을 먹고 산다. 소년의 꿈은 '살 맛 나는 세
상 만들기'이다. 살 맛 나는 세상은 바위로 계란을 치는 사람들은 만
들 수 없는 세상이다.

우리나라에는 여러 명의 바보가 있었다. 그들은 모두 굶주림 속
에서 성장했다. 그들이 가진 건 아무 것도 없었다. 하지만 그들에게
는 푸른 꿈이 있었다. 푸른 꿈의 이름은 '대동'이라고 한다. 대동은

크게 같다는 뜻이다. 모든 사람이 같은 권리를 지닌다는 것은 하늘의 뜻이었다. 하늘의 뜻을 처음에는 왕만 알고 있었다. 왕은 사람들과 권리를 나누고 싶지 않았다. 왕은 하늘의 뜻을 속이고 사람들을 발아래 두었다. 그때부터 왕은 하늘을 읽는 힘을 잃어버리게 되었다. 그러자 대신들은 왕을 속이면서 백성을 착취하기 시작했다. 이를 우습게 본 이웃나라는 우리나라를 언젠가는 먹어치울 나라로 삼게 되었다.

그러자 계란으로 바위를 치는 사람이 생겨나기 시작했다. 엄마들은 계란으로 바위를 치지 말라고 했다. 엄마의 말을 안 듣고 계란으로 바위를 치던 사람들은 바위에 얻어맞고 죽어갔다. 그들은 죽을 때마다 할아버지 나무를 찾아가서 염원을 새겼다.

어느 날 잘 웃어서 사람을 행복하게 만드는 바보가 나타났다. 그는 계란으로 바위를 치는 사람들에게 뜻을 모아서 한꺼번에 바위를 치자고 함성을 울렸다. 계란의 힘을 큰 뜻으로 모으는 일은 왕에게는 반역이었다. 위기가 닥칠 일이었다. 할아버지 나무는 잘 웃는 바보를 황조롱이로 축융봉에 날려 보냈다. 축융봉에는 할아버지 나무가 기르는 소년이 있었다. 소년은 황조롱이만 보면 바닥에 납작하게 엎드렸다. 그날도 소년은 황조롱이를 찾아다니다가 축융봉에 올라섰다. 소년은 축융봉 아래서 비행하던 황조롱이로부터 네 개의 지혜

를 전수받았다. 할아버지 나무는 소년의 꿈으로 들어가서 네 개의
황조롱이 알을 선물했다.

"새는 알을 깨고 나온다. 태어나려는 생명은 한 세계를 파괴한다.
　그 새는 신에게로 날아간다. 그 신의 이름은 아프락사스이다."

　소년은 황조롱이의 지혜로 조롱이들의 이름을 삼고 길을 놓아
꿈을 새기며 미래로 달려갔다. 할아버지 나무는 과거이자 현재이고
미래였다. 할아버지 나무는 여기이자 저기이고 거기였다. 할아버지
나무는 '소년의 청년'이 머무는 구례암으로 가서 태초부터 전해 오는
아프락사스를 말해 주었다. 하늘을 배반한 왕 때문에 뒤틀어진 세상
을 바로잡는 열쇠는 아프락사스였다. 아프락사스를 모르는 바보들
은 모두 죽어나갔다. 축융봉의 황조롱이도 부엉이라는 바위에 맞아
서 죽었다. 그러나 그에게는 옛날의 바보들과 다른 점이 있었다. 다
른 바보들은 울면서 계란으로 바위를 쳤다. 그러면 지는 거였다. 그
러나 부엉이에게 맞아서 죽은 바보는 웃는 바보였다. 웃음은 커다란
힘이 있는 비밀이었다.
　엄마가 아기에게 해 주는 아주 오래된 이야기가 있었다.

"어이구 착하지 우리 아기. 뚝 그치자! 울면 지는 거야."

바보들은 엄마의 이야기를 믿어야 했다. 부엉이에게 맞아서 죽은 웃는 바보는 황조롱이로서 진짜로 힘센 소년의 마음방으로 날아 갔다. 새끼들을 만나기 위해서였다. 황조롱이 새끼들은 이제는 늠름한 성조가 되어 있었다. '예리', '빠름', '정확', '여유'는 아빠 황조롱이를 만나서 행복했다. 웃는 바보 황조롱이는 소년의 천년 전 하늘에서 호버링을 하면서 아래를 내려다보았다. 아름다운 대한민국 국토가 수많은 사람으로 물결치고 있었다. 물결치는 사람들의 손에는 한결같이 계란이 들려 있었다. 황조롱이는 사람들을 웃게 만들어야 했다. 소년 이재명도 사람들을 웃게 만들어야 했다. 이제는 온 국민이 웃으면서 계란으로 바위를 쳐야 하기 때문이었다. 사람들을 웃게 만드는 먹거리는 마음방에 가득했다.

자주, 인권, 노동권, 자유, 평등, 민주, 평화, 공정, 정의, 부자 나라, 신명 나는 대동세상

이재명은 민주당 대선 후보 선출을 위한 경선에서 누적 득표율 50.29%를 기록해 결선 투표 없이 본선 직행이 확정되었다. 그는 이

번 대선을 민생 개혁 세력과 기득권 카르텔 세력의 대결로 보았고, 이 전투는 과거로의 회귀냐, 미래로의 출발이냐가 결정되는 '부패 기득권과의 살 떨리는 한판 승부'라고 생각했다. 돌아보면 그의 삶 전체에 검찰, 경찰, 국정원, 부패 정치 세력, 온갖 기득권과 맞서 싸운 흔적이 수두룩했다. 그러면서 벌써 30여 년이 흘렀지만 후퇴한 적은 없었다. 항상 목숨을 건 진격이었고 황조롱이의 지혜로 대응하면서 정면에서 승부를 겨뤘다. 각종 루머와 오명을 뒤집어쓰다가도 진실은 밝혀지게 마련이었고 결과는 사필귀정이었다. 진실 규명을 가속하는 커다란 힘은 언제나 깨어난 지성에 있었다. 그러므로 국민 대다수가 진실을 추구하는 열망으로 무장이 된다면 허위에 찬 부패 카르텔은 종이호랑이가 될 일이었다. 인간의 지성은 자체 진화하고 있었고 민주 헌법을 수호하는 국민의 깨달음은 지성의 힘을 다할 것이다.

"한 사람만 깨어나도 그 각성은 확산되게 마련이다. 생태계의 진화란 그런 것이고 정신의 진화도 마찬가지이다. 그것이 집단 지성이다. 지금 현 시점 대다수 국민은 무엇이 진실인지 이미 알고 있다."

그는 수첩을 꺼내 황조롱이 노무현 대통령의 페이지를 펼쳤다.

2002 황조롱이 노통의 업적

1. 국가 기록물 관리 체계 정비: 이렇게 해서 새 출발 못합니다. 기록물부터 새롭게 하고 국민 앞에 진상 공개하고 앞으로 안 그러겠다고 맹세해야 합니다.

2. 전자 정부 구축을 위한 노력: '전자 정부 31대 로드맵' 과제를 마련하여 전자 정부를 발전시켰고, 전자 결제 시스템의 근간이 되는 '이지원시스템'을 구축하여 모든 행정, 공공기관에 보급했음.

3. '질병관리본부' 설립했음.

4. 한미 FTA체결: 우리 경제의 미래를 위해서 미국과도 자유 무역 협정 맺어야 합니다.

5. IT기술 성장: 필수적임. 진력하라.

메모를 보면서 마음이 뜨거워졌다. 알고 보면 우리가 지금 누리는 진보된 시스템 중 그의 선견지명 위에서 업그레이드된 것이 많았다. 그러나 더욱 근본적인 것은 개혁의 문제였다. 그리고 민생 개혁, 사회 개혁, 국가 개혁이라는 명제 앞에서 무엇보다도 선결되어야 할 것은 부패 척결, 적폐 청산이었다. 그 일에는 진정한 용기가 필요했다. 그들과 싸울 용기, 신속하게 밀어붙일 강력한 힘은 위기의 시대에 꼭 필요한 리더십이었다. 그는 아주 빠른 기간 내에 단칼로 개혁을 하겠다고 뜻을 굳혔다.

정책에 대해서는 사실상 좋은 정책이 이미 다 나와 있었다. 어찌 보면 정치하는 입장에선 이미 전문가가 만들어 놓은 정책을 상황과 기반에 맞추어 골라서 시행하면 되는 일이었다. 그럼에도 역대 정부가 좋은 정책을 실행하지 못한 이유는 목소리도 얼굴도 드러내지 않고 검찰과 언론을 움직이는 '그들' 앞에 힘이 부치기 때문이었다. 그 때문에 그는 더욱 더 법의 한계 안에서 창조적 정책을 마련해 나갔다. 한때에는 소수 권력의 카르텔에 의해서 법이 악용될 수는 있겠으나 결국 민주 헌법은 그 위력을 다할 거라고 믿었다. 민주 헌법이야말로 진실과 정의로 지어진 원칙이기 때문이었다. 그러나 정의가 정의롭게 기능되기 위해서는 사람들이 더욱 더 깨어나야 했다.

돌이켜보면 지난 10여 년의 세월은 보람된 시간이었다. 놓는 길마다 시민들이 편히 걸어갈 수 있도록 최선을 다했다. 그를 정치인으로 전환시킨 공공의료원도 성남시립의료원으로 문을 열어 역할을 다하고 있었고, 대한민국 최초로 도입하여 시행한 기본 소득은 전국으로 확산되고 있었다. 지역 화폐를 만든 것도 유효했다. 특히 현금으로 지급하지 않고 한시적으로만 사용할 수 있는 지역 화폐로 지급한 정책은 정말 뛰어난 결과를 도출했다. 처음에는 정부에서 돈을 나눠 준다니 나라 망할 일이라고 욕하는 사람도 많았다. 그러나 이제는 더 주기를 바라는 사람이 많아졌다.

"세금을 거둬서 헛된 곳에 탕진하지 않고 절약하면 돈이 남게 되는 건 기정사실인데 그렇다면 그 돈을 어떻게 사용하는 게 옳겠는가? 중앙 정부든 지방 정부든 그것을 유보금으로 쌓아 놓고 문을 잠그는 게 옳다는 말인가?"

그는 그렇게 생각하지 않았다.

"남는 건 국민에게 개인 소득으로 돌려주는 게 국민들에게 해야 하는 마땅한 보답이다. 세금을 잘 내서 국가 운영을 잘하게 해 주었고, 국가 살림을 잘해서 남기도 했고, 국가 사업을 잘해서 수익을 올렸으면 그 잉여분이나 수익분은 마땅히 주인들에게 돌려주는 게 옳은 일이다!"

그것이 그의 철학이었다. 다만 운영의 묘를 살릴 필요는 있었다. 현금을 돌려주면 그 돈은 다시 또 은행이나 개인 금고에 잠길 일이기 때문이다. 그건 순환의 이치에 맞지도 않다. 또 승수 효과도 일어나질 않을 것이다. 그래서 한시적이고 소멸성인 지역 화폐로 돌려준 것이다. 그 지역에서만 일정 기한 안에 반드시 써야 한다고 특정 지으니 그것은 명절 효과를 일으켰다. 이것이 그가 발휘한 창조성이고 외국에서도 이런 식으로 행한 나라는 없었다. 그는 청년들에게서도 창조성을 이끌어 내고 싶었다. 일자리도 없고 희망마저 사라진 그 자리에서 그들 스스로 꿈을 다시 일으키게 하고 싶었다. 거기서 탄생된 것이 '청년 기본 소득'이었다.

그 다음에는 지방자치단체의 살림을 국가의 살림으로 확대해야 했다. 그는 경제학자들과 이미 오래전부터 연구와 토론을 거듭해 왔다. 또 해외의 사례들을 분석하면서 '우리나라에 맞는 정책은 무엇일까?'도 골몰해 왔다. 그래서 그에게서 나오는 정책은 어느 나라 것보다도 창의성이 더 가미된 정책일 수밖에 없었다. 또 모든 정책의 기반에는 배고프던 아픔과 압박받던 세월이 깃들어 있었기에 결코 요식적이지 않았다. 그런 변화들이 바로 노무현 인권변호사가 꿈꾸던 세상이고 소년 노동자 이재명이 꿈꾸던 세상이었다. 그는 그런 마음으로 길을 놓으면서 앞서갔다. 앞서가는 길은 돌도 치우고 오물도 치워야 하며 다치는 일이 생기기도 하는 길이다. 또 새로운 것은 늘 낯선 법이었고 기존의 방법을 고수하려는 기득권층과 부딪히게 마련이었다. 따라서 이번 대선은 그들과의 전쟁이 될 수밖에 없다. 그는 이것을 '최후대첩'이라고 공언했다. 그것은 반드시 승리하겠다는 의지의 표명이자 다시는 암울하던 과거로 되돌아가지 않겠다는 결의에 찬 선언이었다.

첫 번째 충돌은 대장동 건으로 일어났다. 대장동 사건은 선거 때마다 시비가 붙는 사건이었다. 이번에도 이 사건은 연일 대서특필되었다. 그러던 끝에 이제는 국정감사까지 열리게 되었다. 오늘이 그 국정감사 첫째 날이다. 그는 이제 또 어떤 프레임에 갇히게 될지 가

보자고 마음먹었다. 하지만 진실한 사람들의 눈에는 진실이 드러나게 될 것이라고 생각했다. 부처의 눈에는 부처로 보이고 돼지의 눈에는 돼지로 보이는 게 물리의 법칙이기 때문이었다.

태양은 백색의 빛이지만 일곱 가지 색의 스펙트럼을 지니고 있다. 모든 물질이 색을 띠는 이유는 물질마다 고유한 주파수가 있어서 그 주파수 영역에서만 빛을 반사하기 때문이다. 우리가 인식하는 색깔은 그렇게 반사되어 나오는 색이다. 이를 테면 사과는 사과의 진동률 영역인 630~750nm 파장만 반사시킨다. 그리고 그 파장을 우리 두뇌는 빨강으로 인지한다. 그것이 우리가 색을 인지하는 원인과 결과의 현상이다. 즉 빨간색의 장파장에 보라색의 단파가 와서 부딪혀도 사과는 보라색을 내밀지 못한다. 있는 것만을 보일 수밖에 없기 때문이고 사과는 빨강만을 반사할 수밖에 없는 장파장의 물질이기 때문이다. 그런 게 과학적 현상이다. 돈이 없는 사람이 돈을 내밀 수 없고 지성이 없는 사람이 지성을 내보일 수 없는 것도 물리적 법칙에 따르는 과학적 현상이다. 따라서 남을 믿지 못하는 습성의 사람들은 그 자신이 남을 속이면서 살아가고 있음을 스스로 알아야 했다. 진실을 말해도 거짓으로 듣는 사람은 그 내부가 거짓으로 차 있기 때문이었다.

우리가 자주 사용하는 '진실은 언젠가는 밝혀진다'는 말을 그는 믿었다. 그러한 자연법 위에 서 있는 정의가 민주 헌법이었다. 그러나 부패의 '그들'은 민주 헌법의 필수적 바탕인 대원칙을 무시하고 있었다. 대원칙이란 '정의를 수호하는 민주 헌법은 누구로부터 나오는 것이며 누구를 위한 법인가'라는 핵심적 원론이었다. 그러나 법을 이용해서 자신만을 위하여 살아가는 사람들과 법이 정한 이치대로 민중이 주인인 사회를 실현하려는 사람들의 뜻은 아주 달랐다. '그들' 부패기득권 카르텔 조직은 '대한민국의 주권은 국민에게 있고 모든 권력은 국민으로부터 나온다'는 이 엄중한 사실을 말하기를 꺼려했다. 이것은 '대동'이 태초의 근본임을 사람들에게 알려 주지 않자 하늘을 읽는 힘을 잃어버리게 된 왕의 이야기와 같은 것이다. 그는 마음을 다잡고 마음속으로 새겨 보았다.

'하늘은 사람들의 염원이 새겨지는 곳이다. 하늘은 과연 누구 편에 서겠는가? 그 염원을 이루려고 하는 자, 그게 누구였든 하늘은 그의 편일 수밖에 없질 않은가. 사람들은 결과를 보고서야 하늘의 뜻을 뒤늦게 깨달아 왔다. 그러나 지혜로운 사람은 시작부터 이미 결론을 짐작할 줄 안다'

그는 국정감사에 임하며 그러한 진실들에 마음을 기대었다. 그러나 한편으론 이 소모적인 시간이 너무도 아까웠다.

마음속의 날씨는 어둡고 음침하며 폭풍이라도 몰아칠 듯 먹구름이 자욱했다. 황조롱이들은 흥분한 듯 쌩쌩 날고 아직도 절벽을 오르는 신천옹의 날개는 가끔씩 꾸물거렸다. 그 자리에서 날개를 펼치기에는 날개가 너무 거대했다. 거센 폭풍에서만 날개를 펼치는 신천옹은 위기를 기회로 삼는 새이다. 신천옹은 단 한 번의 날갯짓으로 지구를 두 바퀴나 날아서 아프락사스에 도달할 것이다. 수만 군중을 이끌 준비를 마친 신천옹은 바람이 더욱 거세지기를 기다린다. 정의의 길은 아무리 험난해도 가야할 길이었고 진실을 드러낼 무결한 날개를 펼쳐야만 했다.

드디어 백색 가슴이 찬란한 신천옹이 날개를 펼치며 절벽 바위를 힘차게 딛고 공중으로 뛰어 내렸다. 날개가 처음으로 다 펴진다. 멋지고 웅장한 비행이 시작된 것이다. 신천옹은 날갯짓 한 번 없이 유연하게 바람을 탄다. 역사에 다시없을 위대한 새가 된다. 그가 위대한 까닭은 좌절도 굴절도 없는 삶을 살아왔기 때문이다.

성남의 김혜경, 봉하의 권 여사

"여보 날씨가 정말 차네, 벌써 상강이야, 축융봉 한번 올랐으면 좋겠다. 단풍이 절정일 텐데 이거 뭐 둑제를 지내야 하나... 서로가 너무 소모전이야."

귀가하는 남편의 웃옷을 받아들며 활짝 웃던 아내의 얼굴에서 미소가 지워진다.

"자기 너무 피로하지?... 둑제? 마이크를 잡으면 똑바로 말하면서 어째 집에 오면 단어가 죄다 버무려져? 어리광?"

남편은 아내를 이끌어 식탁으로 간다. 일단 집밥을 좀 먹자는 것이다.

"여보, 보글보글 그거 있지? 내가 샤워할 동안에 알았지? 된장찌개에 풋고추, 상추면 만족이다. 무생채 정도 더 있으면 진짜 감사하고. 하나 더 깻잎장아찌. 에이 하나 더 두부조림."

아내는 아직도 식전이냐고 걱정스런 얼굴을 하면서도 목욕탕까지 졸졸 따라간다. 둑제에 대해서 말 좀 해 보라는 것이다. 아내는 먼저 설명을 해 줘야 된장찌개를 줄 거라고 한다. 사실 저녁 준비는 이미 다 되어 있다. 남편은 십 분이면 샤워가 끝나니 그 사이 밥 좀 준비해 달라고 한다. 아내는 안 된다고 버틴다. 먼저 설명을 하라는 것이다.

"그럼 당신도 이리 들어와. 물 튀기니까 옷 벗고. 혜경 학생, 이리 오세요..."

남편은 호탕하게 웃는다. 아내는 욕실 문에 기대어 서 있다. 남편은 수온을 체크한 후 샤워기 밑에 선다. 쏟아지는 물줄기를 정수리부터 맞는다.

"여보, 나는 샤워를 할 때마다 울고 싶어진다. 진짜 눈물이 난다니까!"

아내는 가슴이 뭉클해진다. 서럽고 억울하게 성장해 온 남편의 한이 함께 서럽다. 아내도 샤워를 하면서 펑펑 울었던 적이 수없이 많다. 정치인의 아내라고 다 그런 건 아닐 텐데...

"지금 울고 싶어?"

남편은 그렇다고 한다.

"당사자들은 다 알고 있어요. 범인이 범인을 몰라? 또 범인 측근에서 빵부스러기를 받아먹은 자들이 범인을 몰라? 하지만 거기서 빠져나가기 위해서 엄한 데에다 돌을 던져야 하는 거지. 그 희생양이 나야. 어둠의 역사는 그래. 누구로 삼든 무고한 제물을 희생시켜야 그 범죄가 완성 돼."

"그럼 당신이 다 말하고 무결한 걸 밝혀."

"건 아냐. 그렇게 되면 온 국민한테 그들을 발가벗길 수가 없어. 이 과정을 전부 치러야만 해. 아마도 엎치락뒤치락하는 해괴한 장면들이 말도 안 되게 연출될 거야. 그런데 거짓으로 진실을 만들어내는 게 가능해? 진실은 만들어지는 게 아니야. 그냥 존재하는 거지. 그리고 종국에는 진실이 밝혀지는 게 법이야. 아무튼 아주 저열한 방법으로 내가 도마질당할 수도 있어. 그래도 나는 정공법으로 나갈 거야. 어차피 나의 무기는 사실과 진실밖에는 없으니 도리 없는 일이지 뭐. 그런 빗발과 포화가 난무하는 과정을 지켜보면서 국민들은 흑백을 가릴 안목이 저절로 생기게 될 거야. 국민들이 바보가 아니잖아. 그때 가면 부동의 진실이 얼마나 강한 힘인지 알게 되겠지. 벌써 지혜가 명찰한 사람들은 맹렬한 추론으로 얼추 진실에 접근하고 있을 거야.

겁나는 측들은 엄한 데를 긁으면서 본질을 희석시키려고 할 거야. 이도 저도 아닌 사람들은 터무니없는 이유를 다 붙여서 나를 끌어내리려고만 할 거고. 어차피 나를 없애는 게 목적 아냐? 그래도 나는 내가 한 일만 말할 수밖엔 없어. 나중엔 이 흉측한 초대형 범죄의 퍼즐이 여기저기서 하나씩 둘씩 마구 튀어나오게 될 거야. 나는 양측의 공방을 보는 국민이나 조사하는 기관에서나 공정한 언론들이 이 문제를 철저하게 도해하길 바라. 그래서 더는 속일 수 없는 지경에 도달하게 되면 퍼즐이 짜임새 있게 맞추어지면서 진실이 드러나게 되겠지.

난 정말 그들이 답을 찾기를 바란다니까! 이건 사람들의 시각을 벗어난 곳에 답이 있어. 생각보다 훨씬 큰 사이즈의 범죄야. 내가 할 일은 그들의 프레임에 갇혀서 범죄의 누명을 쓰지 않도록 정신을 바짝 차리고 있어야 한다는 점뿐이야."

아내의 안색이 도로 어두워진다. 남편이 딱해서 건디기가 힘들다. 조작이라는 것에 대해서는 이미 처절한 체험을 해 오는 중이고 그녀 자신도 재판 중에 있다.

최초로 세상을 다른 시각으로 보게 된 것은 성남시 공공 의료원 문제로 최초의 주민발의 조례가 47초 만에 날치기로 부결될 때였다.

그 일로 인해 남편이 11일이나 구속되었을 때에는 그 충격과 불안을 감당할 수가 없었다. 그런데 그 일을 기화로 남편은 정치로 뛰어든 것이다. 그때 혜경은 깊은 고민 끝에 이혼 서류를 내밀었다. 그 험난한 여정을 함께할 자신이 없었다. 사실 억울한 삶을 살아오면서 대의를 위해서 청춘을 바쳐 온 남편의 삶을 모르는 바는 아니었다. 그래도 정치인의 아내로 살아갈 자신은 정말 없었다. 남편은 아내의 눈동자를 들여다보며 말했다.

"여보... 혜경아... 이건 누군가는 해야 하는 일이야. 그런데 그 일을 해낼 사람은 그리 많지가 않아. 그런데 내 삶을 보라고! 그 어려서부터 그게 인간이 뚫고 나갈 역경이었어? 아기 때나 아동기에는 굶어 죽지 않으려고 필사적인 상황이었고, 그 시절이 지나간 공돌이 시절도 역시 굶어 죽지 않으려 애를 써야 하는 상황이었어. 시대는 팍팍 변하는데도 내 삶은 그랬다니까! 만날 기계 소리 웽웽 돌아가는 데에서 청각을 버리면서까지 독극물 가득한 공기 속에서 호흡을 했다고. 결국 청각도 후각도 다 깨졌잖아. 그뿐인가? 손목은 프레스에 눌려서 팔은 뒤틀어지고, 학교는 근처도 못 가 보고... 나는 왜 그런 환경에서 태어났을까? 신은 내게 뭐를 주문하는 걸까? 나에게도 사고력이 있으니 꿈도 있었을 거고 이상도 있을 거잖아? 그래도 난 이 세상 에서 그런 속마음을 나누거나 의탁할 데가 한 군데도 없었어,

대화할 사람조차 없었다니까! 부모님은 생존 문제로 골몰하는 입장이고... 그런데 그 삶을 뚫고 나왔던 거야 나는.

신은 왜 나로 하여금 그 역경을 뚫고 일어서게 하셨을까? 구태여 신이라는 단어를 피하자면 '자연의 힘'이나 '알 수 없는 거대한 힘' 정도로 바꾸어 말하자고. 그 힘은 왜 내게 역경을 돌파하도록 힘을 나누어 주었을까? 뭘 시키려고 그랬을까? 나 혼자 가난을 떨치고 잘 먹고 잘살라고?

개인적 성공만을 목표한다면 수많은 동료, 노동자들은 누가 구하나? 그들은 삶이 너무도 무거워서 한 치 앞도 내다볼 수가 없다고. 자살이라는 선택을 이미 등 뒤에다 짊어지고 살았다니까! 나 또한 마찬가지였고... 그냥 뒤로 돌아서기만 하면 삶의 대열에서 스르륵 빠져나가는 거야. 그리고 그렇게 죽어 가는 사람들은 사회적 문제조차도 되지를 않아. 그런데 나는 그 구덩이에서 빠져나온 거야. 그럼 난 어떻게 살아야 옳은 거였지?

혜경아, 나를 떠나겠다고? 설마 당신은, 나를 떠난다는 걸 우리 가족의 문제로만 보는 건 아니겠지? 정말 아니겠지?"

아내는 눈물이 그렁그렁 맺힌 얼굴로 입술만 깨물고 있다.

"그래도 나는 자신이 없어, 정말 자신이 없어. 그냥 이렇게 살자 자기야. 인권 변호사의 아내도 힘겨운데 정치인의 아내를 어떻게 하라는 거야."

남편은 아내의 어깨를 붙들고 눈동자를 깊이 응시했다.

"당신이 나를 떠난다는 건 대한민국의 수많은 이재명을 떠나겠다는 게 돼. 당신이 나를 떠나겠다는 말은, 대한민국의 수많은 소년 노동자를 외면하겠다는 말인 거라고. 억울하게 인권이 짓밟히는 사람들도 죄다 버리면서, 민주 헌법이 어이없이 악용되어도 모른 척 하겠다는 뜻이 되는 거라니까! 정말 그래? 그런 맘이야?"

아내는 바닥에 털썩 주저앉았다. 남편은 아내의 눈물을 닦아 주면서 감싸 안았다. 그리고 두 사람은 서로를 끌어안은 채 한참 울었다. 이후로 아내는 그런 말을 입에 올리지 않았다.

된장찌개와 풋고추 상추 무생채 깻잎장아찌 두부조림에 멸치볶음까지 추가한 상차림이 얼보기로는 풍성하다. 아내는 둑제가 뭔지 다시 묻는다.

"어... 그거? 그거 맨입엔 안 가르쳐 주지."

"아니 이렇게 상을 차려 올렸는데 무슨 맨입이라고! 정말 이분이 공정하질 못하시네!"

"아아... 맞다 맞아. 그래 공정치 못했다, 미안하다 여보, 둑제는 말야, 고려 이후 조선에서도 문헌에 나타나는데, 간단히 말해서 전쟁에 출정하기 전에 승리를 기원하면서 지냈던 제사라고 할 수 있어. 절기로 경칩이나 상강일에 올렸다고 해. 병조판서가 주재하는 제사니까 작은 제사는 아니지. 안 그랬겠어? 전쟁에 나가는 건데? 근데 이게 재밌는 건 군대의 행렬 앞에 세우던 대장기에다 승리와 무사귀환을 바라면서 제사를 지낸다는 점이야. 대장기는 뭐야? 군권이지? 그게 둑기야, '둑'이라는 깃발. 굉장히 신성시하던 물건이라니까. 그러니까 둑신이지. 내가 말야 '둑제를 지내든지'라고 말했던 건 지금 국감을 받는 이 상황이 전쟁이기 때문이었어. 부패 기득권 카르텔과의 전쟁이라니까! 티비로 안 봤어?"

"응 난 못 보겠더라고. 그냥 꺼 버렸어. 말로만 듣던 공산당 자아비판 같아서 정말 못 보겠더라고. 세상은 어떡해야 살기 좋게 바뀔까?"

"어 그거 아주 간단해. 탐욕만 내려놓으면 돼. 그리고 많이 가진 자들이 곡간 문을 열어서 쌓아놓은 걸 방출하면 돼. 그리고 학자는 열심히 연구해서 후진 양성에 힘쓰고, 학생들은 열심히 학습하면서 창의적으로 소질을 계발하고, 정부는 그들을 제대로 지원하고. 더 이상 부정부패 안 하고, 있는 기관이 서로 협조하면서 매일 국민을 위해서 무엇을 할까를 연구하면 돼. 분석 기관은 분석하고, 통계 기관은 통계 내고, 물론 속임수가 없어져야겠지. 그리고 엄마는 엄마

노릇 잘하고, 교사는 교사 노릇 잘하고... 운동 선수는 운동 열심히 하고, 감독은 멋진 영화 만들고, 가수는 즐겁게 노래하고... 모두가 원하는 일을 하는 거지."

"어이구! 누가 그런 말 못하나!"

부부는 서로 쳐다보며 깔깔 웃는다.

"아니 여보, 내 말이 틀려? 그런 세상이면 살 만한 세상 아냐?"

"그러니까 그런 세상을 어떻게 만드나 그거지!"

"글쎄 그게 문제라니까. 마음을 안 비워 다들. 가진 자는 남을 속이면서까지 더 가지려 들고. 없는 자는 못 가진 걸 한탄하면서 무리해서 더 가지려고 해. 양측이 다 그래. 그래서 문제야. 그래서 내가 대동세상을 하자는 거잖아."

"나 그거 대동세상에 대해서 더 좀 얘기해 줘 봐. 대동세상 말만 들어도 운동권만 떠오른다는 사람들이 꽤 돼."

남편은 대동세상을 자세히 설명하라면 매번 힘주어 말해 왔지만 오늘은 좀더 자세히 좀더 자상하게 말해 주겠다고 하면서 단군사화를 말한다. 곰이 사람이 되고자 신에게 청원을 한다는... 아내는 '그거 누가 모르냐, 온 국민이 다 아는 얘기'라고 투정을 한다.

"아니 그게 누구나 다 아는 얘기는 맞는데 그래도 삼국유사를 읽어 봤냐면 그거 읽은 사람도 그렇게 많지는 않을 거야. 일단 읽어야 한다니까. 있어봐 내가 책을 가져올게."

부부는 함께 책을 읽는다.

"옛날에 환인桓因의 서자 환웅桓雄이 항상 천하에 뜻을 두고 인간 세상을 몹시 바랐다. 아버지는 아들의 뜻을 알고 삼위태백三危太白을 내려다 보매 인간 세계를 널리 이롭게 할 만한지라, 이에 천부인天符印 세 개를 주어 내려가서 세상을 다스리게 하였다. 환웅은 그 무리 3천 명을 거느리고 태백산 꼭대기의 신단수神檀樹 아래에 내려와서 이곳을 신시神市라 불렀다. 이 분을 환웅천왕이라 한다. 그는 풍백風伯, 우사雨師, 운사雲師를 거느리고 곡식, 수명, 질병, 형벌, 선악 등을 주관하고, 인간의 삼백예순 가지나 되는 일을 주관하여 인간 세계를 다스려 교화시켰다. 이때 곰 한 마리와 범 한 마리가 같은 굴에서 살았는데, 늘 신웅神雄, 곧 환웅에게 사람되기를 빌었다. 때마침 신神(환웅)이 신령한 쑥 한 심지와 마늘 스무 개를 주면서 말했다.

"너희들이 이것을 먹고 백일 동안 햇빛을 보지 않는다면 곧 사람이 될 것이다."

곰과 범은 이것을 받아서 먹었다. 곰은 몸을 삼간 지 삼칠일(21일)만에 여자의 몸이 되었으나, 범은 능히 삼가지 못했으므로 사람이 되

지 못했다. 웅녀熊女는 그와 혼인할 상대가 없었으므로 항상 단수壇
樹 아래에서 아이 배기를 축원했다. 환웅은 이에 임시로 변하여 그
와 결혼해 주었더니, 그는 임신하여 아들을 낳았다. 이름을 단군왕
검이라 하였다.”

"여기 나오는 환인이 누구야? 천제 즉 하늘의 제왕이야, 옥황상
제. 그럼 하느님이잖아? 그분이 단군왕검의 할아버지야. 그런데 단
군왕검의 아버지 되는 분이자 하느님의 아들이 세상에 뜻을 둔 걸 알
고 세상을 보니 어땠어? '인간 세계를 널리 이롭게 할 만'했다고 하잖
아, 그치? 이 '인간 세계를 널리 이롭게 할만 했다' 이게 뭐야? 이게 우
리가 잘 아는 클 홍, 더할 익, 홍익이잖아 그치? 그거야 그거!

그렇게 우리 조상은 하늘에서 말미암았고, 하늘에서 준 '천부인'
이라는 신표를 받아서 내려와 통치를 했는데, 그 신표에 뭐가 있을
까? 그렇지! 그 신표에 사람을 통치할 기준이 되는 준령, 즉 윤리 도
덕의 강령이 있는 거야. 그걸 어기면 형벌로 다스렸으니 민법 형법
다 나왔지? 결국 현대 민주 헌법의 모체가 되는 거지. 하나의 문화라
고 할 수 있어.

그때 환웅천왕이 '천부인'을 가지고 바람, 비, 구름(풍백, 우사, 운
사)을 몰고 내려왔다는 건 인간을 교화시키며 다스릴 준칙과 자연마

저 조절할 힘을 가지고 세상에 내려왔다고 봐야 하는 거지. 따라서 세상은 신표와 홍익으로 질서가 잡혀서 저절로 족하고 자연과 동화된 세상이었던 거야. 그게 대동의 뿌리이고 토대인 거야. 대동은 어느 한 군데도 모나거나 이지러짐 없이 고루해서 크게 이로운 세상인 거지. 따라서 어떤 문젯거리가 생겨날 일이 없겠지? 그걸 대동세상이라고 할 수 있는 거야. 그런데 그 통치 제도의 기초가 무엇이다? 그렇지! '민주헌법' 바로 그거야."

아내는 몰입하여 경청하면서 고개를 주억거린다. 남편은 자상하게 얘기를 이어나간다. 아내를 대하는 온몸에 사랑의 기운이 넘실거린다.

"이 사상의 토대에 도가 흐르고 있어. 도가 뭐냐고 물으면 얘기가 또 길어져. 그러면 노자 맹자 다 나와야 하고 예수 석가 다 나와야 돼. 아무튼 저때로부터 아주 오랜 뒤 공자가 대동세상을 말해. 근데 이미 우리 고대사회에서 중국으로 흘러들어가서 정착한 신민들이 있었어. 그럼 영향을 받았을 테지? 중국은 기원전 1046년부터 일어나는 제나라에서 사실상 비로소 문화의 흔적이 나타나거든. 뭐... 목욕을 한다든가 그런 문화 말야. 근데 그건 사실상 고조선 건국연대인 기원전 2333년보다 천년도 더 뒤잖아? 우리는 이미 태초에 윤리 강령으로 다스려진 사회이니 문화를 가지고 형성이 된 사회로 봐야겠고 말이야.

　그런데 중국에 문화가 형성된 그로부터 거의 500여 년이나 더 뒤, 고조선 건국 시기에서 보자면 정말 새카맣게 멀고 먼 뒤에 가서야 공자가 출생을 해서 〈예기〉 '예운편'에다가 저 사상을 말한 거야. 대동세상이 도에 기반한다는 내용이지."

　'큰 도가 행해지면 천하가 공평무사하게 된다. 덕 있는 사람이나 재능 있는 사람을 지도자로 뽑고, 신의와 화목을 가르치기 때문에 사람들은 자기 부모나 자식만을 친애하지 않는다. 노인은 안락하게 여생을 마칠 수 있고, 젊은이는 자신의 능력을 충분히 발휘할 수 있다. 또한 어린이는 안전하게 자라고, 홀아비·과부·고아·자식 없는 노인·병든 사람도 모두 보살핌을 받을 수 있다. 땅에 떨어진 남의 재물을 줍지 않고, 힘은 자기 자신에게서 나오지 않는 것을 싫어하고 또 그 힘을 자신만을 위해 쓰지도 않는다. 그러므로 나쁜 꾀는 생기지 않고 도적떼도 생겨나지 않아서 대문을 닫지 않고 살 수 있게 된다. 이러한 세상을 '대동'의 세상이라고 부른다'

　"하지만 저건 뭐야? 이미 환웅천왕이 다스리던 세계, 거기 이미 형성된 세상을 글로 말하면 저렇게 되는 거지. 저 내용이 조선조에서 사회개혁가와 진보사상가들의 이상사회로 영향을 미쳤지만 뭐야? 이미 우리의 사상이고 이미 행해진 바가 있던 그 사상이다 그거지!

조선 중기 정여립의 '대동계'도 이러한 개혁사회를 지향하는 호국적 단체로서 왜구의 침입에서도 큰 역할을 했는데 결국은 당파 정쟁의 희생이 됐고, 그 이후로도 마찬가지야. 그 무렵 조광조도 개혁정치를 하려다가 무오사화에 희생되고, 우리가 잘 아는 율곡 이이도 그 무렵 분이었는데, '정치는 시세를 아는 것이 중요하고 일에는 실지의 일을 힘쓰는 것이 중요한 것이니, 정치를 하면서 시의를 알지 못하고 일에 당해 실공을 힘쓰지 않는다면, 비록 성현이 서로 만난다 하더라도 다스림의 효과를 거둘 수 없을 것이다'라고 썼던 거야. 항상 위에서부터 바르게 하여 기강을 바로잡고 실효를 거두며, 시의에 맞도록 폐법을 개혁해야 한다고 주장했던 거지. 〈만언봉사〉라는 책에 나와. 근데 소용없어 아무리 좋은 대동세상이라 해도 전부 당파싸움에 희생이 되는 거야. 그리고 오늘날에 와서도 당파싸움은 그치질 않고 있잖아?

　　그래서 내가 대통령이 되면 개혁을 급진적으로 하려는 거고 그건 일거에 하지 않으면 할 수가 없어. 당신도 뉴스에 나온 거 있더라, '내 남편은 대통령이 되면 1년 안에 개혁을 할 거라고 했던가?'

　　개혁은 정조대왕이 또 손을 대는데, 기반은 대통합이야. 분열되면 안 되거든. 인재도 편 가르지 말고 등용해야 하고 잘못된 건 개혁하고, 과학을 발전시켜야 하고, 정조대왕의 업적은 우리가 집중적으로 공부할 만한 가치가 커. 하지만 지금 그 얘길 다하려면 대화가 삼천포로 간다."

"으이그... 역사를 누가 모르냐고! 당신의 정책에 그 모든 것이 어떻게 반영되느냐 그걸 묻는 거지!"

"여보, 이제 국감이 끝나면 본격적으로 대선 행보를 하게 되잖아? 도지사도 사퇴하고 말야? 그러면 정책이 또 디테일하게 표면화되겠지? 경제에 관해선 기본소득이라는 것으로 이미 많이 드러나 있고 행해지고 있잖아? 청년소득 문제도 일자리 창출이나 노동권보장 등 여러 가지가 사실 많이 나와서 알려져 있어. 이젠 환경과 농업문제를 알려야 돼. 에너지정책도 그렇고. 환경과 에너지는 서로 물려 있어. 그거 전부가 모두 삶의 기반이 되는 대단히 근본적이 섹터잖아? 진짜 중요한 거야. 게다가 국제 관계 이게 중요해. 대북문제니 대중관계, 대미관계 등, 그리고 우주 문제는 어쩔 거야? 그걸 오늘 밤에 당신한테 다 말을 할 수가 없어. 시간도 그렇고 휴식도 해야 하고. 그치? 또 정말 중요한 게 농업인데 농업은 사실 눌려버린 영역이야. 그래선 안 됐던 거지, 농업을 다시 일으켜야 해. 이 부문은 현장에서 몸으로 부대껴 이미 결실을 도출시킨, 혹은 그 잠재력을 지닌 인재들을 널리 등용해서 매우 실용적인 어떤 시스템을 구동시켜야 해. 그것들 또한 다 준비되어 있어. 아, 그리고 이게 진짜 중요한 건데, 첨단 과학으로 이미 일상과 접목되다시피 한 메타버스에 집중해야 해. 그밖에도 국가 발전과 국방 차원의 정책들이 얼마나 무수하겠어? 그러니 티비를 잘 봐, 내가 알기 쉽게 파악할 자료도 줄게. 이젠 눈이 슬슬 감긴다. 그리고 내가 당신한테 정말 감사하고 있는 건 잘 알지? 당신은 나의 에너지 충전기이고 나의 문화의식을 상향시켜 주는 모체야. 우리가 처음에 만날 때부터 그건 그렇게 정해져 있었어. 너무 감사해."

남편은 할아버지 나무를 만날 수 있을까 생각하면서 아내의 품속에서 스르르 눈을 감는다. 아내는 남편의 흐트러진 머리칼을 정하게 올려준다. 조심히 방을 빠져나온 후 실내를 돌아보며 소등을 하고 어두운 거실에서 창밖을 내다본다. 달빛이 부드럽다. 삶이라는 명제를 다시 새겨보다가 삶이란 소통과 순환의 둥근 구조 속에서 창조 작업을 일으키는 일이라고 정해버린다. 원활한 소통과 둥그런 순환이라는 유통 체계에 공평한 배분이 추가된다면 부족함이 없는 세계가 될 것만 같다. 내일은 남편에게 그런 의견을 말해보겠다고 마음먹는다.

며칠 후 이재명은 봉하마을을 찾는다. 묘역이 자리한 너럭바위 앞에서 무릎을 꿇고 손을 얹어 묵념을 한다.

순간, 마음방의 웃는 황조롱이가 솟구쳐 올랐다. 이어서 새끼 황조롱이도 따라서 날아올랐다. 천년 전 하늘은 황조롱이 다섯 마리로 힘차고 아름답게 수놓아진다. 웃는 황조롱이가 아래를 굽어본다. 아름다운 국토는 여전히 계란을 손에 든 사람들로 물결친다. 이재명은 속으로 깊이 황조롱이 노무현과 하나가 된다.

'대동세상을 그리며 소통합니다. 저는 바람을 안고 바람을 넘어서 먼먼 길을 신천옹으로서 나아갑니다. 특권과 반칙이 없고 국민이 주인인 나라를 만드는 일에 가진 모든 것을 바칩니다. 마음속에서 늘 함께해 주시기를 소망합니다'

권양숙 여사는 이재명의 손을 잡아 따뜻하게 맞아들인다. 여사는 그를 항상 염려의 눈으로 지켜보아 왔다. 남편과 너무도 흡사해서였다.

"매년 찾아주셔서 감사합니다. 젊었을 때의 남편과 하도 흡사해서 눈여겨보게 됩니다. 너무 강하면 부러질 수 있으니 걱정도 되고요. 어려운 얘기도 무척 쉽게 설명을 하시니 알아듣기가 참 좋습니다. 그런 점도 남편과 무척 닮았어요... 내년 3월 9일 대통령 선거일에 이 후보님께 확실한 한 표를 찍겠습니다. 대선 끝나고 대통령이 되어서 여기를 다시 한 번 찾아주시면 좋겠습니다."

그의 마음속에서 황조롱이들이 마구 날아다니고, 영웅의 너른 날개를 펼친 채 수평비행을 하는 신천옹의 백색 가슴이 눈부시다. 노

무현이 꿈꿨고 이재명이 만드는 신명나는 세상이 이루어진 것처럼
마음방은 벌써 대동세상이 된다.

1부
도촌리 지통마

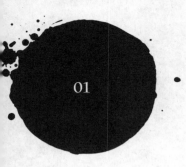

01

까재는 꼬기다

오솔길의 아침이 촉촉하다. 타박타박 걷는 발목에 풀잎이 스친
다. 검정 고무신도 이슬에 젖는다. 한 뼘으로도 잡힐 만한 가녀린 종
아리가 하얗고 책보를 둘러멘 어깨는 좁다랗다. 새카만 까마중이 눈
에 띈다. 까마중 한 가지를 똑 따서 입안에 넣는다. 톡 터지는 달달한
맛 사이로 숨어 있는 새콤함. 아무리 먹어도 배부르지 않는 쬐그만
열매. 아이는 속으로 생각한다. '포도처럼 알이 굵었으면...'

풀숲에서 나뭇가지 하나를 슬쩍 집어 든다. 야구 타자 흉내를 내
본다. 스윙! 놀란 새 한 마리가 표르르 날아간다.

"솔새다!"

소나무 가지 위로 날아가 앉은 작은 새. 보드라워 보이는 솔새의 가슴털이 하얗다. 아이는 한참을 서서 바라본다. 허공에 팔을 뻗어 손바닥을 오므린다. 마음속에선 손바닥 안으로 솔새가 앉아 있다. 입술을 쫑긋 내밀어 새의 부리를 흉내 낸다. 조그만 소리로 물어본다.

"비비... 비요비요... 너는 벌레를 먹지?"

손바닥 안의 솔새는 말이 없다. 아이가 말한다.

"비요비요... 그래도 나는 벌레는 안 먹는다..."

"재명아, 빨리 와!"

앞서가던 형아다. 아이는 들은 척도 안 한다. 오늘은 학교가 가기 싫다. 공부를 잘해야 훌륭하게 된다는 말을 생각한다. 힘 센 사람이 훌륭한 사람이라고 생각해 본다. 갑자기 권투선수처럼 주먹을 휘둘러본다. 조그만 주먹. 주먹이 커져야 한다고 생각한다. 키도 커져야 한다고 생각한다. 밥을 많이 먹고 권투를 잘하면 아무도 못 덤빌 거라고도 생각한다. 순간, 한쪽 팔뚝을 접어 올려 얼굴을 감추는 시늉을 해 본다. 그리고 다른 팔로 내뻗는 어퍼컷! 이제는 큰 소리로 말해 본다.

"넌 내 손에 죽었어!"

갑자기 머릿속에서 빨갛게 파랗게 색종이가 떠돈다. 더러는 노랗거나 초록의 색종이도 떠돈다. 아이는 머릿속으로 종이접기를 해본다. 빨간 색종이론 배를 접는다. 연두 색종이는 비행기가 된다. 빨간 배는 초록빛 종이 바다를 가로지른다. 연두 비행기도 파란 종이 하늘을 가로지른다. 빨간 배는 미국까지 가는 배다. 빨간 배는 엄마가 기른 노란 옥수수를 싣고 미국까지 갈 것이다. 가위! 가위도 있어야 한다. 갑자기 가위가 나타난다. 가위로 색종이를 오려서 옥수수를 만든다. 옥수수가 바닷물로 굴러 떨어지면 어떡하지? 풀! 풀도 있어야 한다. 노란 옥수수는 빨간 배에서 떨어지지 않고 미국으로 날아간다.

치마 한쪽을 잡아 올려 코를 훔쳐 주는 엄마한테 아이는 속으로만 말했다.
'엄마... 준비물...'
차마 입 밖으로 소리가 새어나와선 안 되었다.
"준비물 못 가져가면 매 맞아요."
몇 번은 말을 했다가 엄마가 우는 걸 보았다. 아이는 같이 울었다.

파란 하늘엔 연두 비행기가 떠 있다. 비행기에 노란색 감자를 싣는다. 감자를 싣는 데에도 가위가 필요하다. 그리고 풀도. 아이의 종이비행기와 종이배는 옥수수와 감자 판 돈을 그득하게 싣고 아이에게 돌아올 것이다. 아이는 그 돈을 모두 엄마에게 드리리라 생각한다.

　　저번 날, 짝꿍에게 물었다.
　　"선생님보다 더 훌륭한 사람이 누구야?"
　　"교장 선생님!"
　　"교장 선생님은 우리 선생님보다 힘이 더 세겠지?
　　"그러엄!"
　　그날 밤에 엄마에게 물었다.
　　"엄마, 교장 선생님보다 더 훌륭한 사람이 누구예요?"
　　엄마는 웃으며 말씀하셨다.
　　"사장님!"
　　"사장님은 힘이 센가요?"
　　"그러엄!"
　　"그럼 사장님보다 더 힘센 사람은 누구예요?"
　　"회장님!"
　　"그럼 회장님보다 더 센 사람은요? 우리나라에서 제일 힘이 센 사람은요?"

엄마는 단호하게 말씀하셨다.

"대통령!"

아이는 엄마의 말씀을 가슴속에 깊이 묻어 두었다. 엄마가 아이
에게 물었다.

"훌륭한 사람이 되고 싶니?"

"네! 힘센 사람요!"

"점바치가 너는 크게 된다고 하더라."

엄마는 몰래 눈물을 찍으셨다.

"공부를 많이 시킬 수가 있어야 할 텐데…"

혼잣말처럼 안으로 삼키는 작은 소리였다. 아이는 생각했다. 공
부는 내가 하는 건데 엄마는 왜 우실까.

"엄마, 울지 마세요! 저 백점 맞을 게요. 받아쓰기도 백점, 산수
도 백점이요."

엄마는 또 눈물을 찍으셨다.

"점바치가 너는 크게 된다더라. 아주 큰 사람이 될 거래."

아이는 점바치가 뭔지 알 수 없었다. 하지만 크게 된다면 힘도 세
질 거라는 자신감이 생기자 어깨를 한번 으쓱거려 보았다.

갑자기 학교에 늦을지도 모른다는 생각이 들자 아이는 뛰기 시작한다. 다행히 지각은 면한다. 하지만 준비물이 없어서 또 매를 맞는다. 동무들은 도화지에 알록달록 색종이를 오려붙인다. 누구는 집을 짓고 누구는 나무를 심는다. 어떤 동무는 엄마와 누나를 오려 붙인다. 아이는 마음속에 빨간 배와 연두 비행기를 오려 붙였고 벌써 미국으로 떠났다. 거기는 노란 옥수수와 감자가 실려 있고 파란 하늘과 초록 바다에는 바람도 풍랑도 없었다. 동무들의 집과 나무들은 단지 집이고 나무다. 그러나 아이의 비행기와 배는 돈을 실어 올 것이다. 아이는 자신의 도화지가 제일 훌륭하다고 자신한다. 두 팔은 무겁고 아프지만 벌을 서는 내내 미소는 지워지지 않는다.

'가재를 잡아가야지'

학교가 파하자 아이는 형을 기다리지 않고 집 쪽으로 내달린다. 누구보다도 먼저 계곡 물가로 가야 한다. 동무들이 몰려들면 시끄러워서 가재가 다 숨어 버릴 것이다. 오늘은 꼭 아홉 마리를 잡으리라 마음을 단단히 먹는다. 그래도 온 식구에게 한 마리씩 차례가 돌아가려면 그래야 한다. 큰 바위는 들을 수가 없으니 조용히 앉아서 관찰을 한다. 그렇게 한참을 기다리다가 조심스레 기어 나오는 거뭇한 가재를 살그머니 집어 올리면 되는 일이다.

운이 좋은 날에는 맘 놓고 나와서 놀고 있는 가재들을 만나기도
했다. 실은 놀기보다는 먹이를 먹는 거였는데 아이의 눈에 가재는
모래를 먹고 사는 거로 보였다. 담아갈 그릇도 봉지도 없어서 주머
니에 넣어야 했다. 기어 나오지 못하도록 주머니를 손으로 움켜잡고
가는 게 늘 하는 습관이었다.

생각대로 물가엔 가재가 세 마리나 나와서 느릿느릿 기어 다니고
있다. 아이는 살금살금 물가로 다가간다. 먼저 제일 바깥쪽에 있는
놈으로 집어 올려 주머니에 넣는다. 그리고 다음 놈. 아이는 힘이 닿
을 정도의 중간 크기 바위를 조심스레 들어 본다.

'앗!'

큰 가재가 작게 움찔하더니 도망갈 태세를 취한다. 아이는 잽싸
게 그놈을 손바닥으로 덮쳐서 잡아 올린다. 환한 웃음이 얼굴 가득
번진다.

"까재야, 나하고 집으로 가자. 니는 배가 참 복잡하게 생겼네..."

아이는 큰 가재를 주머니에 넣으며 마음이 밝게 펴진다. 아직 더
잡아야 하지만 손바닥으로 큰 가재를 덮치는 통에 가재들이 다 숨어
버렸다. 아이는 밭을 바꾸려고 일어난다.

엄마는 말씀하셨다.

"한군데서 오랫동안 농사를 지으면 나락이 여물질 못한다. 이삭이 먹을 게 없어서다. 그러면 밭을 바꿔야 하는데 우리는 그런 메마른 땅도 없어서 불을 지르는 거다."

"땅은 불을 먹고 사나요?"

"아니다. 비를 먹고 산다. 하나님이 비를 내려 주시잖냐!"

"그치만 비가 맨날 오지는 않는데요 뭐. 땅도 우리처럼 가끔씩 밥을 먹나요?"

어머니는 입을 꾹 다무셨다.

아이는 밤새도록 빗물을 받아서 내다버리던 엄마가 생각났다.

새벽에 눈을 떠 보니 엄마가 한 귀퉁이에 웅크리고 잠이 들어계셨다. 집안에는 비가 새는 곳마다 양동이며 주전자, 양재기 등이 곳곳에 놓여 있었다. 어떤 쪽에는 물이 흘러넘치고 있었다. 아이는 엄마를 흔들어 보았다. 잠이 깊이 든 모양이었다. 엄마가 밤새 하던 일을 아이가 몇 번 흉내내다가 다시 잠이 들었다.

엄마는 잡초를 뽑기도 하고 건조한 흙덩이를 호미로 부수기도 하셨다. 더러는 메마른 흙을 끌어다가 콩 줄기가 잘 서 있게 땅을 돋우기도 하셨다. 볕에 그을려 거뭇한 손등이 거칠어 보였다.

"땅은 입이 크다. 한 번에 많은 비를 머금을 수 있다. 그리고 소똥

닭똥도 먹고, 사람 똥도 먹고 산다."

아이는 이해하지 못했다. 불을 먹고 땅이 배가 부른가? 어머니는 땅에다 불을 지르고 하나님은 땅에다 비를 내리고.

하지만 아이는 결연히 생각했다.

'나는 똥은 안 먹겠다. 사람은 밥과 짠지와 냉이 같은 풀뿌리를 먹어야 산다. 가끔씩 가재도 먹고'

한편 아이는 닭이 있으면 계란도 먹을 수 있을 거라고 생각했다. 그래도 제일 중요한 건 된장 간장이라고 생각했다. 엄마는 늘 된장을 주셨다. 된장도 아껴 먹는 음식이었다. 밥은 꽁보리밥이었다.

아이는 계곡 상류로 자리를 옮긴다. 거기서 두 마리를 더 잡고 보니 모두 다섯 마리가 된다. 욕심에서는 네 마리가 부족한 상태다. 그래도 큰 가재가 섞여 있으니 만족스럽다. 아이는 집으로 달려간다. 엄마는 콩밭에서 풀을 뽑고 계신다. 엄마에게 가재를 보여드린다.

"꼬기 잡았네..."

"꼬기 아녜요, 까재예요."

엄마는 단호히 말씀하신다.

"까재는 꼬기다!"

아이는 가슴속에 깊이 담아둔다.

'까재는 꼬기다'

엄마는 감자가 수북한 망태기를 어깨에 두르며 집을 향하신다. 까만 망태기에는 호미가 꽂혀 있고 감자들 위에는 옥수수 두 자루가 놓여 있다. 아이는 감자 망태기를 보며 마음이 흡족해진다.

"엄마, 감자는 맛있어요. 옥수수도 있네요?"

"콩 팔러 나갔다가 감자밭에서 조금 바꿔 왔다. 옥수수는 덤으로 주더라."

아이는 종이배와 비행기에 감자와 옥수수를 실어 보낸 건 아주 잘한 일이었다고 생각한다. 어깨가 으쓱거려진다. 집에 당도하기가 무섭게 부엌에다 가재를 꺼내 놓으며 또 한 번 으쓱거려 본다. 아이는 엄마가 제일 큰 가재로 구워서 드시기를 바랐다. 하지만 엄마는 고깃국으로 끓여서 온 식구가 먹어야 한다며 들통에 된장을 풀어 큰 가재까지 다섯 마리를 다 넣어 버린다. 아이 마음에 서운함이 새겨진다. 한참 후 엄마는 아이에게 김이 펄펄 나는 찐 감자 세 개를 작은 소쿠리에 담아 건넨다. 그 위에는 옥수수 한 개가 덤으로 얹혀 있다.

"형아한테는 말 말거라. 너만 주는 거다. 꼬기도 잡아 왔으니..."

작은 소쿠리에 감자와 옥수수를 받아 든 아이는 마음이 뿌듯하다. 하지만 다른 한편으론 커다란 섭섭함이 일렁댄다. 엄마는 아이의 머리를 쓰다듬다가 귀를 따로 몇 번 더 어루만진다.

"점바치가 그러는데 너는 크게 된단다. 내가 니 덕 본단다. 어서 크거라."

"엄마, 까재는 꼬긴데... 꾸웠으면 좋았을 낀데..."

아이가 엄마 품속에서 조그맣게 하는 말이다. 엄마는 아이를 보듬어 안아 주다가 혼잣말처럼 웅얼거린다.

"귀도 참 잘생겼다. 점바치가 너는 크게 된단다."

02

두꺼비 왕자

선생님께선 경주 여행에 한 명도 빠져선 안 된다고 하신다.

"이번 여행지는 경주이다. 불국사의 석가탑 다보탑을 견학하고 토함산의 석굴암도 간다. 아무도 빠지지 말거라."

소년은 곰곰이 생각해 보지만 간다고 말할 수가 없다.

'차비가 얼마나 비쌀 낀데... 여행은 무슨, 김밥도 못 쌀 낀데.'

왜 못 가냐고 소리치는 선생님께 소년은 입안으로 우물우물 조그맣게 말한다.

"크게 말해라!"

"밭 매야 돼요."

조그맣게 말했다고 머리통을 한 대 얻어터진다. 터지는 건 자주 있는 일이다. 그래도 싫다. 아프다. 하지만 아파서만은 아니다.

"까르르…"

계집애들의 생각 없는 웃음이 싫은 것이다. 아니 창피한 것이다. 소년은 사나이로서 계집애들 앞에서 당하는 수모가 정말 창피하다. 제발 혼을 내도 때려도 계집애들 없는 데에서 그랬으면 좋겠다고 생각한다. 화딱지가 난다. 마음속으로 선생님의 코앞에 얼굴을 들이댄다.

"기다려라! 나는 크게 될 것이다! 우리나라에서 제일 센 사람이 될 것이다!"

소년은 나중에 힘이 세지면 아이들을 때리는 선생님은 정말 혼내주겠다고 마음먹는다.

학교가 파하자 계곡으로 달려간다. 계곡엔 사람들이 놀고 있다. 시끄러운지 가재는 보이질 않는다. 소년은 집으로 발길을 돌린다. 고갯마루가 진달래로 붉다. 털썩 흙바닥에 주저앉아 버린다. 기분이 상한다. 기분이 상할수록 점점 작아진다. 갑자기 세상에서 제일 작은 사람이 된다.

'차비만 안 들어가도... 김밥은 어쩌고...'

소년도 친구들과 함께 여행을 가서 맛있게 김밥을 먹고 싶다. 까만 김에 흰 쌀밥, 노랑 초록의 고명들을 생각하며 꼴까닥 침을 삼킨다. 그러자 배에서 꼬르륵 소리가 난다. 소년은 주먹으로 배를 한번 세게 치더니 윗도리를 홀렁 들어 올려 배를 내려다본다.

'휴...'

바라는 근육은 없고 갈비만 앙상하여 윗도리를 휙 내려 버린다.

'언제 기운이 세지겠노?'

소년은 불국사니 석굴암 다보탑 석가탑들을 떠올려 보지만 별로 흥이 안 난다.

'우리 산에도 절은 있네! 동굴도 있네!

소년이 여행을 가 보고 싶은 것은 산 능선 너머의 다른 세상을 가보고 싶어서이다. 공연히 마음이 뒤틀린다. 어깃장을 놓는다.

'토함산은 무슨. 토할 거 같네, 웩!'

소년은 다시 또 김밥 생각에 빠진다.

'김 대신엔 콩잎장아찌를 쓴다. 콩잎장아찌는 색깔이 거뭇하고 된장이 묻어 있다. 된장은 싹싹 긁어서 먹어 버린다. 비로소 김이 되는 콩잎장아찌. 꽁보리밥에 콩잎장아찌는 정말 맛있다'

그런데 요새는 감자만 몇 알씩 먹으니 종일 배가 고프다.

"밥을 많이 먹어야 힘이 쎄질 낀데... 배가 부르면 기분이 좋고..."

소년은 권투선수 흉내를 내면서 걷다가 뛰다가 한다. 고개를 푹 수그리기도 하고 팔을 내뻗기도 한다. 허공에 선생님의 얼굴이 나타난다.

"자알 만났어..."

소년은 본때를 보인다. 작은 주먹을 허리께부터 긁어 올려 멋지게 한 방 먹인다. 저 멀리 날아가는 선생님의 얼굴. 갑자기 후련해진다. 통쾌한 듯 소리를 크게 지른다. 고개를 흔들면서 약을 올린다. 혓바닥을 쏘옥 내민다.

"쎄지도 못하면서, 메롱..."

소년은 잠시 개선장군이 되어 주변을 둘러본다. 눈길로 개구리를 찾는다.

"헤에... 언덕배긴데... 있겠나... 수풀이면 몰라도."

가는 길에 수풀 속을 뒤질 거라고 작정하며 침을 꼴깍 넘긴다.

'깨구리는 넓적다리가 최고다! 이번엔 꾸어 먹어야지...'

가재는 밤이 되어야 나올 것이다. 하필 오늘은 소년의 계곡에 사람이 몰린 날이다.

'달빛이 쎄야 할낀데...'

이제 소년은 타박타박 걷는다. 푸른 하늘이 시야를 모두 채운다.

"대체 하늘의 끝은 어데고?"

항상 산 능선 너머로 가 보고 싶었다. 갑자기 두 팔을 새처럼 벌리고 훨훨 날아가는 시늉을 한다. 노래를 부르며 새가 된 듯 달려간다.

"하늘 끝까지… 하늘 끝까지…!"

뱃속이 또 꼬르륵 거린다. 더욱 배가 고파진다. 소년은 멈추어서 진달래꽃을 딴다. 한 송이 또 한 송이. 입안은 보랏빛으로 물든다. 생각이 깊어진다. 미간이 모아진다. 다시 김밥이 떠오른다. 진달래꽃 옆으로 털썩 주저앉는다.

"뭐를 넣고 만들지?"

곧추 세운 무릎 위의 팔뚝이 앙상하다. 소년은 갑자기 손바닥으로 자기 이마를 때린다.

"질경이!"

질경이를 어른들은 시금치라고 불렀다.

"시금치 대신 질경이, 계란 대신 가재, 짠지 대신 메 뿌리…"

다시 김밥을 만든다. 콩잎장아찌에 질경이를 얹는다.

"내일 새벽에 밥이 있겠나?"

이팝나무 꽃을 쌀밥으로 그려 본다. 하지만 아직은 때가 아니라 꽃이 없다. 준비물 중 질경이 하나만 똑바르다고 아쉬워한다.

지난겨울에는 맨발에 고무신으로 학교를 다녔다. 바지도 짧아져서 발목 위로 올라갔다. 또 엄마가 떠오른다.

"빨리 봄이 와야 산다. 봄이 오면 참꽃도 달래도 냉이도 지천이다. 민들레도 그렇다. 날이 풀리면 벗고도 산다."

소년에겐 계집애들의 손가락질이 보인다. 조롱 소리도 들린다. 벗고 사는 건 창피한 일이라고 생각한다. 문득 지난여름 냇가에서 놀다가 갑자기 깊은 물로 빨려 들어가 죽을 뻔 한 기억이 떠오른다. 정말 순간적 일이었다. 어푸어푸하며 버둥거리던 순간 어른들의 말이 떠올랐다.

"그랄 땐 숫제 밑으로 더 빠져야 된다카이. 밑창에 뭐가 닿을 때 쎄게 탁! 구르면..."

소년은 겁먹어 허둥대다가 어른들의 말이 떠올라 숨을 참고 그대로 했다. 그러곤 밖으로 빠져나와서 눈물을 훔치며 떨었다. 이빨이 다다다다 마주쳤다. 추워서가 아니었다. 손끝은 주름진 상태로 물에 불어 있고, 팔뚝엔 소름이 돋아 있지만 추운 게 아니었다. 무서운 것이었다. 살아나게 되어 정말 다행인데 한편에선 무서웠고 다른 편에선 엄청난 신경질이 올라왔다. 약이 올랐다. 주변에서 허둥대며 떠드는 소리가 들린 건 그 다음이었다.

"물에 빠져 죽는 줄 알았다."

"살아났으니 다행이야."

"원래 거기서 죽은 사람이 많대."

"물귀신이 잡아다닌대."

당황해서 재깔거리는 소리들 속에는 육촌의 음성도 섞여 있었다.

"옷은 어데 갔노?"

소년은 정신이 번쩍 들어서 자신을 훑어보곤 소스라치게 놀랐다. 고무줄 홀바지가 어디로 갔는지 알몸이었다. 결국 육촌에게 받은 책 보자기로 몸을 가렸지만 정말 끔찍한 경험이었다. 소년은 날씨가 아무리 따뜻해도 벗고 다닐 생각은 조금도 없다.

"선생님이 나락을 가져오래요."

"휴... 먹을 나락도 없구만... 한 되씩이나..."

소년은 나락을 또 못 가져갔고 매번 얻어터졌다. 화장실 청소는 도맡아서 했다. 그때마다 자신을 두꺼비 왕자라고 생각하며 참았다.

'마법이 풀리면 왕자가 된다. 왕자는 장가를 가면 왕이 된다'

소년은 엄지를 높이 들어올린다. 소년이 고통스러울 때마다 힘을 찾는 방법이다.

마법이 풀리는 날을 소년이 간절히 기다리는 동안 엄마는 따뜻한 봄을 기다렸다.

봄은 거짓말처럼 다시 찾아왔고 소년은 지금 봄에 서 있다. 강하게 겨울을 이겨 낸 것이다.

아버지가 집을 나간지도 두 해가 된다. 집에는 셋째 형과 동생 둘 그리고 소년이 남아 있다. 소년도 집을 나갈까 생각해 본다. 아카시아 가지를 똑 따서 점을 쳐 본다. 소년은 웅얼거리며 갸름한 연두색 이파리를 한 장씩 뜯어나간다.

"나간다, 안 나간다, 나간다, 안 나간다, 나간다, 안 나간다…"

나가면 어디로 갈지 대책도 없으면서 잎새만 하나씩 똑똑 따 버리다가 그새 말이 바뀐다.

"배고프다, 안 배고프다, 배고프다, 안 배고프다, 배고프다."

배고프다에서 아카시아 잎새가 동이 난다. 소년은 진달래꽃을 또 뜯어 모아서 함박같이 입 안에 우겨넣는다. 향기롭고 달달하다. 입술이 보라색으로 물들어 간다.

지난 가을엔 배가 고픈 나머지 남의 밭에서 무 한 뿌리를 뽑아 왔다. 책보가 불룩하자 엄마는 책보를 풀어 보셨다. 엄마는 아랫입술을 깨문 채로 소년의 종아리를 때렸다. 싸릿가지로 맞은 종아리에는 빨갛게 파랗게 줄이 가며 피가 맺혔다. 소년은 울면서 싹싹 빌었다. 엄마는 회초리를 내던지고 소리 내어 우셨다. 두 사람은 이마를 맞대고 펑펑 울었다.

엄마 생각이 스친다.

'억수로 배가 고프실 낀데'

"가는 길에 참꽃이라도 뜯어서 허기를 채우거라. 먹을 수 있어서 참꽃이다. 먹을 수 있는 것들은 모두 다 참된 것이다."

일러 보내는 엄마의 아침 목소리는 단호했으나 눈가는 촉촉했다.

소년은 참꽃을 또 뜯어 먹는다.

"아카시아 향기가 더 센데... 향기로우면 맛도 더 좋다..."

하지만 아카시아는 조금 더 있어야 핀다. 소년은 아카시아 가지를 잡아당겨서 잎새만 한 장씩 뜯어 버린다. 조금 지나면 오디도 열릴 거라고 주절거린다.

"조금 있으면 뽕 밑에 오디가 수북할 거다. 다래도 여물고."

조금만 참으면 된다고 속으로 이르는 말은 저절로 흥겨운 노래가 된다.

"봄이 오면 여름이 오고, 여름 오면 가을이 오고."

"가을이 오면 주인 없는 나무에 대추도 열리고 밤도 열리고... 감도 열리고."

소년은 여전히 흥얼흥얼 거린다.

"고염도 똘배도 가을 되면 여문다, 여문다. 지금은 참꽃 억수로 핀 봄 봄 봄!"

소년은 조금만 더 참기로 한다. 참꽃만으로 배부른 시늉을 하며 나물 이름을 불러 본다. "참나물, 냉이, 다래순, 곤달비, 명아주, 우산나물, 짠대…"

그러나 그런 나물들도 조금은 더 기다려야 한다.

소년은 메 뿌리라도 캐 보려 마른 땅을 헤집는다. 더덕은 향을 쫓아서 캐기가 쉬웠다. 그런데 메 뿌리는 찾아지질 않는다. 때가 아니니 잎도 꽃도 흔적이 없다. 지금은 진달래 갓 피어난 애기 봄, 어느 담장 밑엔 메 뿌리가 숨어 있을 거라고 생각한다.

오늘은 되는 일이 없다고도 생각한다. 먹을 수 있어서 참꽃이라는 진달래만 실컷 따먹는다. 입안이 진하게 물든다. 이빨도 여지없이 진보랏빛이다. 바로 그때였다. 소년은 번개 같은 속도로 그 자리에 납작하게 엎드린다. 황조롱이는 작은 새를 움켜쥔 채 사라진다. 나뭇가지 사이로 예술처럼 빠져나간 황조롱이.

"참새? 참새는 진짜 꼬기다."

소년은 황조롱이가 참새를 채어 갔을 거라고 추측해 본다. 소년은 황조롱이를 정말 좋아한다. 참새를 잘 잡아서이다. 참새만 잘 잡는 건 아니다. 황조롱이는 박새도 잘 잡는다. 자신이 황조롱이라면 참새를 잡아서 구워 먹을 거라고 입맛을 다신다. 턱을 괴고 엎드려서 까딱거리는 발목이 앙상하다. 소년은 아쉬움이 가득한 눈으로 하늘을 바라본다. 날아간 황조롱이의 궤적만 휑하다. 벌떡 일어나서 타박타박 걷는다. 책보 속에는 엄마께 드릴 참꽃이 한 가득이다. 달리려다가 이내 멈춘다. 기운이 없다. 달그락거리던 빈 도시락 소리가 그립다. 멀리 밭둑에 서 계신 엄마가 보인다. 기운 없는 모습을 보이기가 싫은 소년은 힘을 내어 엄마를 부르며 달려간다. 엄마가 환하게 웃는다.

"참꽃 따먹었나!"

"네! 억수로요! 까재가 아무래도 안 나와서 그만 두고 참꽃을, 이거 보세요."

소년은 엄마에게 책보를 풀어 보인다. 엄마는 참말로 색깔도 곱다고 감탄하신다.

"색깔도 곱고 향기도 곱고 참으로 참꽃이다."

"엄마, 송아지 한 마리는 얼마나 해요?"

"송아지 기를라꼬?"

"있어야 기르지요."

"송아지는 관두고 닭이나 치면서 우리 재명이 계란이나 실컷 먹였으면 싶다. 조금만 기다리거라, 아버지가 오시면 그런 날이 온다."

"아버지는 언제 오실까요?"

"기다리면 오신다. 고생이 쎄지 않게 마음으로 빌어라. 여행 못 간다 했나?"

"어? 어떻게 아세요?"

"선생님이 다녀가셨다. 대신에 여비는 학교 개천 밭에다 품으로 내야 한다. 교장 선생님 인정이시다."

소년은 뛸 듯이 기쁘다. 가끔씩 맞았던 빠따나 귀퉁배기의 서운함도 일순간에 말끔히 사라져 버린다. 하루 종일 서럽고 무거웠다. 까르르 웃던 계집애들의 웃음소리가 소년의 웃음소리 밑으로 사라져 간다. 엄마의 환한 미소가 둥실둥실 떠다닌다.

"교장 선생님이 허락하셨대요? 경주 여행을요?"

"들어가자! 보리죽 끓여 놓고 기다리는 중이다."

"보리가 생겼어요?"

두꺼비 왕자가 생각난다. 소년은 마법이 풀린 두꺼비 왕자가 된다. 멋진 모자도 쓰고 어깨의 황금 견장도 빛난다. 긴 장화도 빤들빤들 빛난다. 늠름하다. 까르르 웃던 계집애들의 되바라진 웃음소리가 다시 한 번 왕자에 대한 존경과 부러움 밑으로 수줍게 감춰진다. 소년은 속으로 크게 외친다.

'두고 보아라! 점바치가 나더러 크게 된단다'

소년의 입가에 미소가 진하여 사라질 줄을 모른다. 어깨가 으쓱여진다.

"어서 먹거라. 죽 식는다."

"엄마, 옛날에 두꺼비 왕자가 살았는데요..."

"시끄럽다! 두꺼비가 무슨 왕자가 있다고. 두꺼비는 두꺼비다!"

소년은 오늘 마법이 풀린 왕자라고 다시 한 번 다짐한다. 계집애들의 생각 없는 깔깔거림도 용서하기로 한다. 목젖을 넘어가는 보리죽이 구수하다. 기다리면 된다는 생각을 다시 한 번 새긴다.

'겨울이 지나면 봄이 오는 법이다. 걸린 마법은 풀리는 게 법이다'

03

우물 안 개구리

겨울바람은 언덕배기를 타고 올라온다. 바람은 낮은 지붕을 때리고 창문을 흔든다. 흉한 소리가 난다. 소년은 바람소리를 흉내 내어 본다. 휘잉... 위잉... 쌔애앵... 다 아니다, 소년은 고개를 흔든다. 바람소리에 가슴이 쿵쾅거린다. 무서워진다.

"이제는 산에 가도 열매는 없고,

들에 가도 나물은 없고,

밭에 나가도 보리나 감자는 없답니다..."

바람은 집집마다 찾아가서 대문을 흔들고 창문을 두드린다.

"엄마, 손도 시리고, 발도 시리고, 배도 고파요."

소년은 떼를 쓰는 적도 많았지만 이제는 철들 나이라는 말을 듣고는 어른스러워지려고 애를 쓴다.

엄마도 겨울이 무섭다고 하셨다.

"없는 사람들은 겨울이 무섭다. 껄뱅이도 겨울에 얼어 죽는다. 여름은 동냥을 해서라도 산다. 들에는 풀뿌리도 지천이고 산에는 머루, 다래, 버섯, 땅속에는 더덕도 있고, 밭에선 감자도 캐고."

여름내 엄마는 다리도 허리도 펴실 틈이 없었다. 두 손도 호미질 괭이질에 갈퀴처럼 되었다. 지금은 겨울이라 남의 집 일을 해 주며 생계를 꾸린다. 항상 젖어서 불어터진 엄마의 두 손을 보면서 소년은 눈물짓는다.

소년은 곧 초등학교 졸업을 하게 된다. 하지만 중학교 진학은 꿈도 못 꾼다. 졸업 후엔 공장을 나가게 될 것이고 그건 이미 집안 분위기를 통해서 알고 있다.

학교를 졸업해도 공장이나 다녀야 한다는 사실을 알게 된 3학년 어느 날, 소년은 선생님께 받은 시험지에서 자기 이름을 까맣게 박박 지워 버렸다. 점수는 백점은 아니어도 무척 좋은 점수였다. 소년은 친구에게 그 시험지를 미련 없이 줘 버렸다.

"니 해라..."

"뭐라카노!"

"이름을 바꿔 가라..."

소년은 빙긋이 웃음을 짓는다. 신이 나서 가져간 친구가 부모님
께 큰 칭찬을 받았을 거라는 짐작에서이다. 그 무렵 소년의 아버지
는 집을 떠났다. 집에 남겨진 4남매는 오롯이 엄마의 몫이었다. 게다
가 아버지와 온 식구가 함께 개간한 밭도 언젠가부터 다른 사람이 들
어와서 매고 있었다. 따지고 보면 소년도 돌멩이를 나르며 그 밭일
에 함께 참여한 개간 동지이다. 그러나 밭은 아버지의 술과 태만으
로 날아가 버렸다. 그래서인지 소년의 마음 한 쪽에는 자신도 잘 모
르는 그늘이 있다. 그런 소년의 마음을 알게 모르게 지켜준 건 점바
치의 말을 굳게 믿는 엄마였다.

"점바치가 너는 크게 된다고 했다."

그럴 때마다 소년은 가슴속에 깊이 묻어 둔 지난 대화를 들여다
본다.

"엄마, 교장 선생님보다 더 훌륭한 사람이 누구예요?"

엄마는 웃으며 말씀하셨다.

"사장님!"

"사장님은 힘이 센가요?"

"그러엄!"

"그럼 사장님보다 더 힘센 사람은 누구예요?"

"회장님!"

"그럼 회장님보다 더 센 사람은요? 우리나라에서 제일 힘이 센 사람은요?"

엄마는 단호히 말씀하셨다.

"대통령!"

소년은 빙긋이 웃음을 짓는다. 어떡해야 힘이 세질까 다시 또 궁리를 한다. 나이를 먹고 보니 주먹만 세지는 게 힘은 아니라는 걸 알게 된다. 그러나 앞으로 공장을 나가서 어떻게 힘을 키울지는 정말 막막하다. 소년은 가능한 대로 위인전을 많이 읽으려고 노력한다. 학교 다닐 때에는 사서였던 친구가 있어서 개복숭아를 서리해서 갖다 주기도 하면서 책을 빌려 보았다. 지금은 형의 도움을 많이 받는다. 형도 중학교 졸업을 앞두고 있다.

"형!"

"와?"

"공장에 가면 돈을 많이 주나?"

"기술이 좋아야 많이 주지."

"내가 자전거 고치는 기술이 있다 아이가!"

형은 웃으며 팔을 뻗어 동생의 머리를 헝클어뜨린다.

"그 정도론 안 된다! 부속이나 바꾸는 게 무슨 기술이라고!"

겨울의 산촌은 적막하고 소년은 무료하다. 닭이나 돼지도 없으니 똥 치울 일도 없고, 여물을 얻으러 다닐 일도 없다. 새끼 꼴 아버지도 없고 길쌈 맬 엄마는 남의 집 허드렛일로 바쁘다. 또 사실상 있는 것 보다는 없는 게 더 많아서 고칠 것도 관리할 것도 별로 없다.

그런 저런 생각을 하던 소년은 덜컥 겁이 난다. 가난하지만 가난에 익숙해지면 안 될 거라는 생각이 든다. 진학도 포기했기에 나무 하는 것 말고는 책 읽는 일이 전부인 소년은 후다닥 솟구치듯 일어나서 종잇장과 연필을 챙겨 온다.

1. 방학숙제가 없으니 숙제할 일이 없다

2. 개학해서 학교를 안 가도 되니 매 맞을 일이 없다

3. 땅이 얼었으니 밭일이 없다

4. 공장을 나가지 않으니 일찍 일어날 일이 없다

써 놓고 보니 전부 '없다'로 끝나는 게 우스웠다.

"왜 이렇게 없는 게 많지? 없는 게 많다는 건 나쁜 거 아닐까?"
소년은 다시 고쳐서 써 본다.

1. 방학숙제가 없으니 숙제할 일이 없어서 좋다?
2. 개학하여 학교를 안 가도 되니 매 맞을 일이 없어서 좋다?
3. 밭 맬 때가 아니니 밭일이 없어서 좋다?
4. 공장을 다니는 게 아니니 일찍 일어날 일이 없어서 좋다?

소년은 다 써 놓은 두 종류의 문장을 오랫동안 보면서 깊이 생각을 한다. 처음엔 혼란스러웠으나 점점 확연해진다. '없다'로 끝나는 것들은 없어서 좋은 게 아니고, '좋다'로 끝나는 것들은 문제되는 것들이었다. 소년은 다시 새 문장으로 고쳐 쓴다.

1. 방학숙제가 있다면 개학을 하고 학교를 계속 다니고 진학을 한다.
2. 밭 맬 때가 되어야 밭일을 해서 먹을 걸 준비한다.

1. 방학숙제가 없어서 시간이 남으니 할일을 찾는다.

2. 밭도 안 매고 공장도 안 나가니 일찍 일어나서 나무를 한다.

이런 식으로 적어 놓으니 더 이상 빈둥거릴 수가 없다, 소원대로 되지 않는다고 불평만 한다면 일생을 망칠지도 모른다는 두려움이 생긴다. 갑자기 벌떡 일어나서 웃옷을 걸친다.

"가난한 산골에서 겨울나기란 정말 단순하다. 나가서 병뚜껑이 라도 줍자!"

소년은 겨우내 길거리를 쏘다니며 병뚜껑을 줍는다. 주운 병뚜껑은 돌이나 펜치로 딱지처럼 납작하게 만들어서 자루 속으로 넣는다. 자루는 나날이 불룩해 간다.

"병뚜껑이 모여모여 엿이 되고, 병뚜껑이 모여모여 돈이 된다..."

소년은 또 흥얼흥얼거리며 산엘 들러서 나무를 해 온다. 엄마는 문간에 서서 환하게 웃으신다. 소년도 엄마만 보면 환하게 웃는다. 그래도 웃음 속에는 눈물이 숨어 있다. 소년은 엄마의 고생이 마음 아프고 엄마는 총명한 아들이 안쓰럽다.

"아버지한테서 연락이 왔다. 성남에다 터를 마련하셨다고 올라 오란다."

소년은 턱이 뚝 떨어져서 입이 반쯤 벌어진다. 아무 말도 못한다.

마법이 풀린 걸까도 생각해 보다가 그만 둔다. 소년은 아버지에게 심통이 나있는 것이다. 궁금한 것도 엄마에게 질문하지 않는다. 아버지를 대신해서 또 미안해할까 봐 마음이 쓰여서이다.

온 식구가 엄마의 고생을 눈앞에서 보아왔다. 올라오라는 말 한 마디로는 위로가 안 된다. 소년의 마음속에는 독한 서운함이 가득 찬다. 공연히 눈물만 출렁거린다.

'세상에서 배고픈 고통보다 더 센 고통은 없다!'

아버지가 더욱 미워지게 된 경주여행을 떠올린다.

단체로 묶게 된 여인숙의 창밖에서 누군가 외쳤다.

"아이스께끼…"

창밖을 보니 누군가는 벌써 그것을 사먹고 있었다. 소년도 따라서 했다. 그건 얼음이었다.

"가을 땡볕에 얼음이라니! 세상에 이런 맛도 있다니! 겨울도 아닌데!"

속은 거였다. 소년이 산골에서 허기를 달래며 엄마의 갈퀴손을 뼈아프게 새길 때 세상은 여름에도 얼음을 내놓고 있었다. 그뿐인가? 여인숙 정원의 탐스런 여주도 그들은 결코 따먹지 않았다. 구경만 하는 것이다.

"탐스런 여주가 황금색으로 빛나는데도!"

여행 중 먹은 밥도 모두 쌀밥이었다. 꽁보리밥이 아니었다. 소년은 다른 세상으로 넘어온 것이다. 산골에 사는 동안 소년은 마법에 걸린 두꺼비가 맞았다. 정말 어이가 없었다. 더 기막힌 일은 얄팍한 용돈이 아이스께끼 사먹는 데로 싹 다 날아간 거였다. 그뿐이 아니었다. 그 밤에 살금살금 나가서 손에 닿는 여주를 죄다 따먹은 것이다. 소년은 밤새 자신을 꾸짖었다. 지식과 체험의 커다란 굴레에서 따돌림 당한 억울함에 눈물을 흘렸다.

"무엇에 굴복한 걸까? 굶주림, 호기심?"

"무엇이 무너졌나? 자존심?"

아침이 되어 소년은 겨울이 아니어도 얼음은 얼 수 있다는 사실 앞에 무릎을 꿇었다. 눈앞에 얼음이 있으니 할 말이 없었다. 자신은 우물 속의 개구리에 불과했다는 아픔을 극복하는 게 어려웠다. 경주에서의 그 충격은 수치감과 소외감의 상처로 마음속에 접혀 있다. 그 후 소년은 이 산골이 통째로 마법에 걸린 거라고 의심했다. 따돌림 당하고 외면당한 이 산골과 가족 모두를 뼈아프게 생각했다. 그럴수록 소년은 아버지를 더 원망하게 되었다. 그런데 이제 성남에

터를 마련했다고 올라오라고 하신다. 소년은 고개만 숙인 채 생각만 깊다. 원망어린 단어들이 뽀글뽀글 올라오지만 꼴깍 꼴깍 삼킨다.

'아버지가 집을 사놓으셨대요? 형과 저는 진학을 할 수 있나요?'

그러나 소년은 마음을 누른다. 그것은 아버지에게 해야 할 질문이었다. 또 엄마의 마음을 불편하게 하고 싶지가 않았다.

소년은 밖으로 나간다. 형의 자전거로 곳곳을 쏘다닌다. 실컷 쏘다니다가 자전거를 멈추어 큰 나무 옆에 부려 놓는다. 아버지와 온 가족이 개간하여 일구던 밭도 가 본다. 땡땡 얼어빠진 한 겨울의 밭은 한산하여 보잘 게 없다.

"이것도 지금은 남의 밭이다!"

"온 식구와 함께 산을 까서 밭으로 만들었잖아요. 들어낸 돌들이 담장이 되고 무덤이 됐어요. 몇 갠지도 몰라요. 조나 수수를 심었으면 배나 불렀어요. 천궁은 무슨. 박하는 무슨. 술타령만 하다가 다 털어먹고. 삯도 못 챙기면서 이장은 무슨. 동장은 무슨!"

결국은 엄마를 후벼 파고 말았다. 지난여름 일이었다.

"산촌에 아버지만한 사람이 없으니 그렇다."

"그러면 엄마를 고생시키지 말아야지요. 남의 자식들보다 우리

를 좀 위하면 안 되나요? 엄마의 고추론 끼니도 못 삼아요. 엄마의 콩
도 메주나 쑬 뿐, 감자 고구마라면 끼니나 되지요!"

"땅에도 성질이 있다. 고구마 심는 땅, 감자 심는 땅. 고춧가루나
콩은 쉽게 돈이 된다."

미안한 듯 우물우물 읊조리는 엄마의 뒷모습이 슬펐다. 괜히 지
껄였다 싶어서 소년은 손가락 사이로 흙먼지만 날리다가 굵은 눈물
방울을 뚝 떨어뜨렸다.

소년은 호주머니에 두 손을 찌르고 산길을 걸으며 주절거린다.

"낚시를 하다 보면 고기가 잘 나오는 데와 아닌 데를 금방 알 수
있는 것처럼 아버지도 그래서 술이나 취해서 사신 것이다. 여기는
아무리 애를 써도 나아질 수가 없다. 아버지는 그래서 떠난 것이다."

그래도 소년은 그렇게 살다가 이렇게 떠나는 게 너무 억울하다.
아무리 생각해도 감쪽같이 속은 것만 같다. 따가운 땡볕에도 얼음이
얼던 경주를 또 떠올린다.

"이게 뭐고! 할머니 할아버지도 다 묻혀 있는데..."

소년은 점점 더 억울해진다.

"우리는 산자락의 돌을 빼 버리고 밭을 일구었네. 밭은 주린 배를
채워 주지 못했네. 산자락은 이제는 우리를 빼 버리네 온 식구가 달

려들어 돌을 빼낸 것처럼."

겨울산은 일찍 저문다. 겨울나무가 시커먼 장승처럼 서 있다. 소년은 불안에 서성이다가 땔감 한 묶음을 만들어 산비탈을 내려간다.

오늘은 졸업식 날이다. 소년은 삼계초등학교 교정을 바라보다가 이내 빠져나온다. 손에는 둘둘 말린 졸업장 한 장이 들려 있다. 일행은 없고 당연히 꽃다발도 없다. 마음속에서 많은 말이 올라온다. 두꺼비 소년이 마음속의 왕자와 대화하듯 주절거린다.

'언젠가 먼 훗날에 이 모교를 다시 찾을 날이 있을까?'

"다시 올 수도 있고 못 올 수도 있지."

'점바치 말대로 큰 사람이 된다면?'

"대체 뭘 해서 큰 사람이 된다는 말이고!"

소년은 돌멩이 하나를 주워서 허공으로 날린다.

'공장을 나가면 돈을 벌어서 엄마에게 다 드리고 조금만 달라고 할 거다!'

"돈은 뭐하게?"

"책 볼 거다. 책 살 거다. 경주에서 놀랐다 내가. 뜨건 날씨에 어는 얼음도 그랬지만, 겨울에 논바닥에 내려앉은 헬리콥터, 너도 생각나지? 교장 선생님이 우리한테 그걸 만져도 좋다고 할 때, 나는 그 미끈

한 몸뚱이를 만져 보고 세상이 뒤집어지는 줄 알았다! 여행갈 때 버스도 첨 타 봤지만, 하늘은 새만 날아다니는 줄 알았다. 햐... 그 미끈한 헬리콥터 몸뚱이! 그 쇳덩이가 하늘을 날아왔다는 게... 휴... 내가 책 좀 봐야겠다. 세상을 알아야겠다. 위인전도 읽고, 진짜 쎈 사람들의 얘기도 읽고."

"하하 촌놈 이재멩이! 진짜 웃기는 놈이네..."

소년은 우물 안 개구리로 살아온 게 억울하다. 그토록 허기져서 산나물, 산열매를 쫓아다닐 때 세상은 그랬다. 그런 식으로 돌아가고 있었다. 소년은 그것을 조금도 눈치채지 못하고 밭이나 매고 나무나 한 것이다.

04

봉주르 황조롱이

겨울 산촌은 삭막하고 내내 찬바람만 휘몰아친다. 소
년은 집 앞의 눈을 치우다가 눈사람을 만들어서 떠날 집을 지키는 문
지기로 삼고 물끄러미 눈사람을 바라보며 옛 생각에 잠긴다. 공연히
그리워지는 친구들...

키는 작았어도 친구들 사이에서 소년은 늘 대장 노릇을 했다. 낚
시, 물놀이, 연날리기, 제기차기... 생각하면 놀이의 종류는 이루 다
헤아릴 수 없을 정도이다. 돌 까기, 쥐불놀이, 팽이치기, 썰매 타기...
무엇보다도 잊을 수 없는 기억은 온 산을 뛰고 달리며 편을 갈라서
놀았던 전쟁놀이다. 항상 좋은 나라 대장은 소년이 맡았고 나쁜 나

라 대장은 육촌이 맡았다. 그리고 결과는 좋은 나라의 승리였다. 전쟁이 끝나면 싸갔던 주먹밥을 대원들에게 한 입씩 먹게 해 주었다. 그러다 보면 정작 나중엔 자신이 먹을 건 없었다.

6년을 다닌 초등학교까지는 산길로 6km나 되는 거리였다. 등하교시에는 전쟁놀이 할 때 본부로 삼을 곳이나 싸움에서 이길 수 있는 방법에 대해서 궁리를 많이 했다. 소년이 주로 쓰는 방법은 대원들을 세 팀으로 나누어서 싸우는 방법이었다.

①1조는 본부와 소지품을 지킨다.

②2조는 맞붙어 싸우다가 지는 척하면서 뒤로 밀려서 3조가 숨은 데까지 유인한다.

③3조가 숨어 있는 데까지 적군이 오면 2, 3조가 협조하여 적군을 생포한다.

④그 다음엔 소지품을 빼앗아 온다.

소년의 방법은 매번 성공이었고 대부분 쓸 만한 것들을 즐겁게 빼앗아 왔다. 그 쓸 만한 것들이란 제기, 구슬, 팽이, 딱지, 엽전과 더러는 먹을 것들이다. 패배한 쪽은 가진 것을 내주는 걸 아까워하지 않았다. 소년은 그 전리품을 대원들에게 적절히 나누어 주었다. 어린 애에게는 구슬을 주고, 나이가 있는 대원에게는 제기나 팽이를 나누어 주었다. 언젠가 소지품 중에서 껌이 몇 개 나온 적도 있었다. 소년은 그게 뭔지도 모르고 조각조각 나누어서 대원들에게 주었다. 소년은 혀로 둘둘 돌려서 꿀꺽 삼켜 버렸는데 몇 아이가 끝까지 질 경질경 씹고 있었다.

"그 뭔데 소처럼 되새기노! 삼켜라!"

대장의 명령인데도 아이들은 계속 질경댔다. 조금 후 설명을 듣고 그게 껌인 줄 알게 된 소년은 몇 명의 애들이 씹던 껌을 모아서 씹어 보았다. 참 이상한 음식이었다. 씹고 씹어도 목구멍에 넘어가진 않고 질경거리게 되는 게 희한했다. 단맛은 다 사라졌어도 야릇한 향기가 남아 있는 것도 신기했다. 소년은 조금 씹다가 뱉어 버렸다 성질에 안 맞았다.

소년은 눈 쌓인 산길을 올라가서 전쟁놀이를 하던 본부며 동굴이며 싸움터를 돌아본다. 미끄러지고 구르고 떨어지고... 각종 잔잔한 사고도 떠오른다. 대원들은 그런 부상을 대수롭지 않게 여기다가도 피만 보면 울었다. 소년은 피식 웃는다. 귀엽다는 느낌이 든 것이다. 불과 얼마 전만 해도 그렇게 뛰고 놀았는데 아무래도 자신은 경주 여행 이후에 부쩍 자란 거라고 정해 버린다.

여러 가지 생각이 두서없이 떠오른다. 구태여 떠오르는 생각을 억누르거나 피하지도 않고 소년은 눈 쌓인 산을 꾸역꾸역 오르다가 신발이 믿음직스럽지 못하여 동여맨 새끼줄을 고쳐 맨다. 그러곤 또 생각나는 대로 입에 올려 중얼거린다.

"공돌이... 공돌이... 중학생... 대학생... 공돌이..."

앞날이 막연해서 그럴까? 소년은 뒤숭숭하여 마음이 이랬다저랬다 한다. 바로 그때였다.

"앗! 잡았다! 황조롱이다!"

소년은 번개 같은 속도로 그 자리에 납작하게 엎드린다. 황조롱이는 작은 새를 움켜쥔 채 사라진다. 나뭇가지 사이로 예술처럼 빠져나간 황조롱이.

"참새? 아마 참새겠지?"

소년은 황조롱이가 참새를 채어갔을 거라고 추측해 본다. 소년은 전문적 사냥꾼인 황조롱이를 정말 좋아한다. 나뭇가지 사이를 매끄럽게 날아서 실수 없이 사냥하는 새로는 황조롱이가 최고다. 게다가 그 빠르기에 소년은 놀란다. 참 이상한 일이다. 참새는 나뭇가지에서 날아오르다가 조롱이한테 잡힌다. 가만히 있을 때엔 들키지 않는 모양이다. 뱀도 마찬가지다. 웬만하면 땅굴이나 풀숲에 숨어 있는 게 낫다. 공연히 밖으로 나와서 어물대다가 조롱이 눈에 띄면 끝이다.

소년은 여전히 엎드려 있다. 황조롱이를 다시 한 번 보기 위해서이다. 그러나 한참을 기다려도 나타나질 않자 일어서서 다시 산길을 오른다. 운동화엔 여전히 새끼줄이 감겨 있다. 미끄러지지 말라고 동여맨 것이다. 걷는 동안도 주변을 돌아본다. 혹시 황조롱이가 눈에 띌까 해서다.

한때 소년은 황조롱이를 찾아다닌 적이 있었다. 나무를 해서 등짐을 지고 내려가다가 언뜻 고개를 들었는데 공중에 황조롱이가 떠 있었다. 소년은 순식간에 등짐을 벗어던졌다. 그리고 그 자리에 납작하게 엎드려서 넋을 잃고 새만 바라보았다.

"머리는 수그린 채로 날개는 파닥이는데 몸은 제자리였다. 깃털만 바람결에 잔잔하게 요동치는 것 같았다. 세찬 맞바람에도 밀리지 않고 아래로 떨어지지도 않는 그 힘은 대체 어디서 온 걸까…"

그 순간이었다. 황조롱이가 땅으로 추락한 것은! 소년은 반사적으로 엉거주춤하게 자세를 바꾸었다. 그런데 그게 아니었다. 추락하던 조롱이는 땅에 닿는가 싶더니 이미 날아서 시야에서 사라져 버렸다. 소년은 숨이 멎을 것 같았다. 사라지던 조롱이의 발에는 거뭇한 물체가 잡혀 있었다. 아마도 들쥐일 거라고 생각되었다. 집에 돌아온 후 소년은 그 장면을 형에게 말했다. 형은 약간 조롱 섞인 반응을 보였다.

"근데 니는 와 조롱이만 보면 엎어져서 숨을 죽이나? 날아서 쫓아가도 황조롱이는 몬 잡는다. 워낙 빠르다. 깔깔깔…"

그 이후 소년도 자신에게 그 질문을 한다.

'나는 왜 황조롱이만 보면 엎드릴까? 조롱이를 존경하나?'

소년은 새가 되어 날아가고 싶은 날이 많았다.

"아버지는 다르겠나? 내랑 다를 게 없을 거다! 아버지도 분명히 그래서 고향을 버렸을 거라. 가족도 버리고 새처럼 날아갔을 거라."

사실은 경주 여행 이후부터였다, 아버지에 대한 미움이 분노로 변한 것은. 그랬어도 그 마음을 엄마에게 내보일 수는 없었다. 그래서 높은 봉우리를 자주 올랐다. 뭐라도 안 하고는 못 배길 것 같아서였다. 돌아올 때에는 더덕이며 영지를 따 가지고 왔다. 그랬으니 당연히 엄마는 그런 줄만 아셨다. 그렇게 능선이며 계곡을 헤집고 돌아오면 그래도 조금은 풀렸다.

봉우리에 오르면 소년이 갇혀 있는 산골 마을이 얼마나 좁은 데인지 한눈에 들어온다. 어렸을 때에는 주로 골짜기나 계곡 냇가에서 놀았고, 조금 큰 다음엔 능선 자락에서 계곡까지 오르내리며 봉삼이나 더덕, 도라지, 버섯 들을 찾으러 다녔다. 경주 여행 이후에는 걸핏하면 봉우리로 올라간다. 다른 세계에 대한 호기심과 그리움이 커졌기 때문이다.

그날에도 축융봉에 올라가서 청량산의 봉우리를 세고 있었다. 선학봉, 자란봉, 연화봉, 자소봉, 금탑봉... 하나 둘 세고 있다가 또 황조롱이를 만났다. 소년은 감격의 그날을 잊을 수가 없다. 그때 소년은 새보다 더 높은 곳에 있었다.

그날의 황조롱이는 단 한 번의 날갯짓도 없이 공중에 떠 있었다. 덕분에 소년은 위에서 새의 머리를 볼 수 있었다. 황조롱이는 완벽한 정지 상태였다. 뒤로도 앞으로도 밀리지 않았다. 아... 시력이 좀 더 좋았더라면...

"조롱아, 니는 내한텐 동지인 기라. 똑같이 먹이를 찾아다니네!"

소년은 황조롱이에게 관심을 갖게 된 첫날부터의 기억을 모두 더듬어 보았다. 참새를 사냥해서 나뭇가지 사이로 빠져나가기, 들쥐를 사냥해서 그림 같이 사라지기, 허공에서 정지 비행, 나뭇가지에서 숨죽이고 기다리기... 이런 것들은 참꽃으론 배가 안 차서 메꽃 뿌리를 찾고, 가재가 나올 때까지 쭈그려 앉아 기다리고, 하나 달린 연시가 떨어지라고 나무 둥치를 흔들던 소년의 행위들과 다르지 않았다. 그러니까 소년의 갈망은 황조롱이의 갈망과 같은 거였다. 그리고 황조롱이의 사냥이나 비행 실력은 힘들게 먹이를 잡는 수많은 실전 속에서 쌓여진 것임을 깨달았다. 소년은 그 순간 마법이나 풀리길 기

대하던 마음을 싹 내려놓았다. 더 이상 두꺼비 왕자가 아니고 싶었
다. 그 순간 황조롱이로부터 미래로 가는 표지판을 얻은 것 같았다.
황조롱이의 사냥은 예리함, 정확함, 신속함의 종합예술이었다. 그리
고 더 이상 사냥할 필요가 없을 때 여유를 보인 거였다. 만일 소년에
게 황조롱이만한 실력이 있다면 배고플 일은 없을 거라고 생각했다.
소년도 황조롱이처럼 스스로 음식을 구하고 또 스스로를 잘 보호하
면서 살고 싶었다.

소년은 형이 또 물어온다면 망설임 없이 대답할 수 있을 거라고
생각했다.

"맞아, 형! 나는 황조롱이를 존경해."

소년은 더 이상 마법에 걸린 두꺼비왕자로 살면 안 될 것 같았다.
마법을 풀 수 있는 열쇠는 '수리수리마하수리'나 '하쿠나마타타' 같은
주문이 아니었다. 마법을 푸는 열쇠는 주문이 아니라 자신을 스스로
구조할 수 있는 힘에 있었다. 소년은 마음속에 숨겨 두었던 엄마의
말씀을 또 들여다보았다. 그리고 그 순간 황조롱이가 건네준 표지판
도 가슴속의 대화방에 깊이 묻어 두었다.

05

할아버지 나무와 아프락사스

소년은 밤새 황조롱이와 숲을 누비는 꿈을 꾸었다. 소년의 숲에서는 나무들이 움을 틔울 준비를 하고 있었다. 황조롱이는 할아버지 나무에게 소년을 데리고 갔다. 할아버지 나무는 두 팔을 꺼내서 소년을 안아 올렸다. 아직은 겨울인데도 할아버지의 품은 따뜻했다. 소년이 할아버지의 가슴에 이마를 대자 문이 스르륵 열렸고 그것은 방이었다. 겨울인데도 따뜻하고 포근한 기운이 전해 왔다.

그 안에는 황조롱이가 4개의 알을 품고 있었다.

"아... 엄마다!"

엄마 황조롱이였다. 엄마는 품고 있던 알을 주둥이로 이리저리 움직이며 굴리고 섞는다. 분주하다. 그때다! 조그만 알 한쪽이 조그맣게 부서진다. 다른 알도, 또 다른 알도. 스스로 알을 깨고 나오는 아기조롱이의 분홍색 주둥이, 분홍색 머리!

"짹! 짝! 삑! 빅빅!"

순식간에 다 나타난 아기 조롱이들은 흔들거리고 비틀거리면서 분홍색 솜뭉치들처럼 서로 기댄다. 졸린 눈에 콧구멍이 뿡뿡, 주둥이 위로 뚫려 있다. 엄마는 아기들에게 알의 속껍질을 뜯어 준다. 입을 크게 벌려서 잘도 받아먹는 아기조롱이. 소년의 가슴이 기쁨으로 타오른다.

"네 마리다!"

그때 할아버지 나무가 소년을 번쩍 안아서 위로 들어올렸다. 벌거벗은 나뭇가지에는 보드라운 겨울눈이 말간 막을 뚫고 나오려고 한다. 소년이 할아버지에게 조그맣게 속삭였다.

"움이 터요 할아버지, 봄이 왔어요!"

할아버지는 소년을 더 높이 더 높이 들어 올리며 우렁차게 외쳤다.

"아프락사스..."

할아버지의 우렁찬 목소리에 놀란 소년이 잠을 깬다. 할아버지 나무의 우렁우렁한 음성이 귓가에 떠돈다.

'아프락사스... 아프락사스...'

소년은 잊지 않기 위해서 공책에다 적어 놓는다.

아직은 어둑한 새벽이지만 밖으로 나간다. 낡은 집은 비탈에 기대어 낮게 앉아 있다. 산골을 떠난다 생각하니 지나간 일들이 하나씩 떠오른다. 산자락에 밭을 만들고, 나물과 버섯을 뜯어서 찬으로 삼고, 과일은 산열매로 대신하고, 계곡의 가재를 고기로 여기던 산골의 삶, 그 안에서 뛰놀던 숱한 놀이...

소년은 이제껏 무사히 살아 낸 공로가 엄마에게 있다고 해도 산이 베풀어 준 인정이 아니었다면 어림도 없었음을 깨닫는다. 꿈속의 황조롱이와 할아버지나무에게도 감사하여 아기들에게도 하나씩 이름을 붙여 준다. 제일 큰 형아에게는 '예리'라는 이름을 준다. 둘째에게는 '빠름', 셋째에게는 '정확', 막내에게는 '여유'를 주었다. 아기들이 자라나면 예리한 눈으로 먹이를 찾고, 재빠르게 날아서, 솟아오르는 참새를 정확하게 사냥할 것이다. 그런 후 만족한 마음으로 축융봉이나 밀성대 를 여유롭게 떠다닐 거라고 그려본다. 소년은 산을 향해 감사 인사를 한다. 그 마음속에 깊이 잠긴다.

이삿날에 비가 내리면 여간 성가신 게 아니다. 하지만 소년은 봄비도 감사하다. 겨울눈들이 움이 트고 있다. 할아버지 나무는 팔뚝에서 그것을 보여주셨다. 소년이 떠나도 산은 움을 틔우고 잎을 내서 꽃 피고 열매 맺게 할 것이다. 개구리도 깨어나고 조금 더 지나면 부지런한 매미는 먼저 나와서 소란을 떨 것이다. 그때쯤이면 아기조롱이들은 하늘을 날아다니겠지. 갑자기 소년은 무슨 결심이라도 한 듯 표정이 결연해진다.

"나는 아직은 아기조롱이일 뿐이다..."

빨리 성장하여 멋진 황조롱이가 되겠다는 뜻이다. 소년은 벌떡 일어선다.

"앗! 아... 병뚜껑!"

미처 챙기지 못한 병뚜껑 딱지가 생각나자 안으로 황급히 뛰어 들어간다.

"아프락사스 아프락사스! 오늘은 천구백칠십육년 음력으로 이월 이십육일, 나는 성남으로 원정을 떠난다! 아프락사스! 아프락사스!"

소년은 병뚜껑을 넣은 자루를 아궁이 앞으로 들고 나온다. 겨우 내 모은 게 세 자루나 된다. 하나하나 주울 때마다 저축하는 마음이었다. 그동안 엿장수는 오지 않았다. 그래도 가게까지 가서 처분할 마음은 없었다. 어쩌면 한 개씩 주울 때마다 색색의 꿈이 새겨졌기 때문일지도 모른다. 소년은 아궁이 앞에다 자루를 쏟아 붓고는 한줌씩 아궁이 속으로 던져 넣는다. 딱지들은 가장 깊은 곳 개자리 너머까지 던져진다. 소년은 서운한지 자리를 뜨질 못 한다. 한참이나 그대로 있다가 하는 수 없이 안으로 들어간다.

여러 날 전에 챙겨 놓은 소지품이 쇠로 된 탄통에 가득하다. 그중 중요한 건 자전거를 고치는 데에 필요한 도구들이다. 탄통 하나로 가진 것의 전부가 결정 나니 몹시 씁쓸하다. 추억밖에는 가져갈 것이 없고 남겨 두는 추억은 흔적이 없다. 웬일인지 오늘 따라 눈까지 아파서 핑계 김에 울고도 싶어진다. 하지만 참는다, 속으로 아프락사스를 불러본다.

가족의 짐도 단출하다. 거의가 의복이라 보따리에 싸서 이고 지고 들고서 역으로 간다. 소년은 전쟁터에 나가는 병정처럼 탄통만 품에 안고 열차를 탄다.

일곱 시간이나 달려서 도착한 청량리엔 진눈깨비가 날려서 더러는 쌓이고 더러는 녹는다.

"진눈깨비 안녕? 버즘나무도 안녕? 너는 미루나무가 아니네!"

고향 길가엔 미루나무가 정답다. 여기도 미루나무가 있을 줄 알던 소년은 나무에게 쓸쓸히 인사를 한다. 소년은 옛 생각에 잠긴다.

"엄마 미루나무 잎새가 눈부셔요, 눈이 뒤집어질 거 같아요."

"잎새가 뒤집나? 햇살이 뒤집지."

"미루나무 잎새는 명아주 잎새하고 같아요."

"다르다!"

"그치만 뒤가 하얗잖아요..."

"그래도 다르다! 명아주는 나물로 먹으니 참이다. 크게 자라면 지 팡이도 만들고."

"네... 우리도 전쟁놀이할 때 명아주 나무를 뽑아서 칼을 써요... 그래서 참이에요!"

버스를 갈아타고 도착한 아버지의 터는 높은 곳에 있다. 황토로 된 비탈길을 오르고 올라서 가장 높은 곳이다. 도로변엔 몇 채의 집 들을 지나와 꼭대기에 아버지의 집이 있다. 아버지의 집은 마당에 시멘트를 발라 놓았다. 소년은 속에서 걱정이 올라온다.

'신발에 진흙이 잔뜩 묻었는데 이래 깨끗한 바닥에...'

소년은 시멘트 바닥이 맘에 든다. 수도꼭지에서 물이 나오니 그 것도 신기하다. 나중에서야 소년은 아버지의 집이 그 집안에서 단지 방 한 칸뿐이라는 걸 알게 된다. 아버지를 애써 이해하려던 소년은 기가 막혀서 숫제 아무 말도 하고 싶지 않아진다.

'여기는 할아버지 나무의 조롱이 방보다도 좁다. 우리 여덟 식구 는 석류알처럼 따닥따닥 붙어살겠네. 산이라고 나무도 없이 뻘건 흙 만 보이고'

엄마는 묵묵하고 아버지는 미안한 기색도 없다. 여러 날이 지나간다. 아버지는 청소미화원을 하면서 고물 수집을 하신다. 소년은 아버지가 시키는 대로 아버지의 리어카도 밀고 폐지도 줍는다. 그래도 매일 어제와 같은 날들이다. 얼마 후 아버지는 소년을 목걸이 공장에 취직시킨다. 소년은 월급 6천 원의 소년공으로서 납땜 일을 시작한다. 엄마는 가끔씩 몰래몰래 우신다.

공장에는 소년보다 두세 살쯤 많은 공원이 서너 명 된다. 소년의 일은 가느다란 구리선을 손끝으로 배배 꼬아서 염산에 살짝 담갔다가 펄펄 끓는 납을 콕 찍어서 마무리를 하는 일이다. 납은 연탄불 위의 알루미늄 그릇에서 끓고 있다. 손이 닿으면 익어 버리니 조심하라고 한다. 기술은 금세 익숙해지지만 땀이 삐질삐질 난다. 연탄불 앞에서 일을 하니 머리도 지끈거린다.

신선한 공기 속에서 뛰놀던 소년은 이 일에 재미를 느낄 수가 없다. 머릿속에선 가끔 황조롱이가 날아다닌다. 할아버지 나무의 음성도 들리는 듯하다. '아프락사스... 아프락사스...' 소년은 아무리 해도 이 뜻이 무엇인지 알 수가 없어서 혹시 잘못 들은 걸까도 의심해 본다. 그러나 아직도 귀에 쟁쟁한 아프락사스.

"바지가 못 쓰게 됐어요. 염산이 쏟아지니 청바지가 부스러져요. 뻥 뚫린 거예요."

엄마는 소년의 무릎이며 허벅지를 자세히 살피다가 손바닥으로 쓸어 보기도 하시며 괜찮은지 물으신다. 눈물이 벌써부터 글썽거린다.

"팔꿈치에 부딪혀서 염산이 엎질러졌어요. 누나들이 얼른 달려들어서 바지를 벗기고 씻어줬어요. 안 그랬으면 살이 녹았대요."

엄마와 소년은 손을 마주잡은 채 이마를 맞대고 또 울었다. 소년에게 엄마의 마음이 전해져 오지만 입술을 깨물며 눈물을 참는다.

소년은 얼마 후 월급이 9천 원인 다른 목걸이 공장으로 옮긴다. 일은 비슷하지만 이번에는 연탄 대신 석유램프에서 뿜어져 나오는 불을 사용하는 공장이다. 화학약품은 붕산을 사용한다. 여기서는 점심 도시락을 싸 갖고 다닌다. 아침 8시 반에서 밤 9시까지 일을 해도 야근수당이 없고 저녁도 안 준다. 먹어도 배가 고픈데 저녁을 못 먹으니 퇴근길엔 항상 배가 고프다.

소년은 고향 산의 녹음이 그리워진다. 햇빛도 안 드는 반지하의 생활로 시름에 젖는다. 산골을 떠나면 가슴 벅찬 기술을 배울 줄 알았다. 그러나 매일의 똑같은 일에 지쳐 간다.

"형아, 언제 가면 좋은 기술을 배울 수 있을까? 나는 목걸이 공장일이 재미가 없다."

형은 동생을 안쓰럽게 바라본다.

"재명아, 니가 아직 어려서 그렇다. 나이를 더 먹으면 올바른 공장에 갈 수 있다."

"준다, 준다 하면서 석 달이나 월급도 밀린다. 나는 재미가 없다. 형아, 건너 산에도 황조롱이가 있을까?"

"민둥산에 무슨 황조롱이고! 숲이 깊어야 먹이가 있지. 짐승은 먹이 따라 간다 아이가."

"들쥐나 뱀은 있을 거 아이가! 뱀도 황조롱이한테 걸리면 끝이다."

"니는 와 자꾸 황조롱이고? 송골매도 아니고."

"숲속에서는 황조롱이가 왕이다!"

형은 팔을 뻗어 동생의 머리를 흩트려 놓는다.

다음날 목걸이 공장은 문이 닫혀 있다. 사장이 공원들의 월급을 모두 떼먹고 도망간 것이다. 소년은 충격에 빠진다. 3개월 동안 배고픔을 참고 야근까지 한 공이 와르르 무너진다. 게다가 엄마는 여동생과 상대원시장 화장실을 지키는 일을 하신다. 소변보는 사람에게는 10원 대변보는 사람에게는 20원씩 받는다. 구천 원은 얼마나 큰돈인가!

사람이 사람다운 삶을 포기한 채 고생을 참는 이유는 사람다운 삶을 살기 위해서이다. 소년은 마음이 얼얼하고 엄마는 아들이 불쌍하다. 아버지는 흥분해서 목걸이 사장님을 수소문하신다. 소년은 마음속에다 물어본다. 떠오르는 생각을 마음속에 묻고, 떠오르는 답을 소리 내어 말하는 이 놀이는 어려서부터 혼자서 하던 놀이이다.

'만일 공장을 옮기지 않았더라면?'

"그동안 이만 칠천 원은 벌었을 끼다."

'월급을 세 배나 더 준다던 말은?'

"낚시질 미끼다. 사장의 마음은 썩은 사과다."

소년은 마음속에 있는 비밀의 방을 들여다본다. 거기에는 힘을 갖추고 싶은 소년의 마음과 엄마의 대화가 있고 또 황조롱이가 알려준 표지판이 들어 있다. 그러나 소년은 아직 공부도 체험도 짧아서 표지판을 사용할 줄 모른다.

도망간 목걸이 공장 사장을 찾으려는 아버지의 노력은 물거품이 되고 가을이 닥쳤다. 소년은 눈만 감으면 고향의 산이 떠오른다. 이제 물들기 시작한 아름다운 가을 산에서 익어 가고 있을 으름나무 열매, 뽀얀 점박이꽃 같은 능이버섯, 지저귀는 산새들이 눈에 어린다. 소년은 아무래도 마음에 병이 든 듯 눈만 감으면 그리운 산 풍경이 어른거린다. 그래도 다른 곳에 취업을 또 해서 돈을 벌어야 한다는 걸 소년은 안다.

아버지는 세 번째 공장을 또 연결하신다. 이번에는 제대로 된 곳이라고 한다. 사실 목걸이 공장은 회사 이름도 없었다. 이번엔 '동마고무'라는 회사이다. 사업자등록도 정식으로 있고 월급도 정식으로 지급한다고 했다. 제대로 된 공장을 들어가려니 소년이 나이가 모자라서 그게 문제이다.

"됐다, 됐다. 재명아…"

엄마가 방으로 들어오시면서 기쁘게 외치신다.

"이름을 써도 된단다, 앞집에 승원이가 이름을 빌려준단다." 소년은 엄마를 뚱하게 바라보며 속으로 셈을 해 본다.

"일은 내가 하는데 돈은 박승원이에게 주나요?"

"그게 아니다. 동마고무에서는 니가 이재명이 아니라 박승원인 기라."

소년은 한참 생각해 보다가 이름이야 무엇을 쓰든 사장님의 마음이 썩은 사과가 아니어야한다고 생각을 마친다.

"사장님 마음이 썩은 사과가 아니어야 해요 엄마."

"썩은 사과가 뭐고? 우리는 썩은 사과라도 고맙게 먹어야 한다. 썩은 쪽은 긁어내면 된다. 주민등록등본을 내야 하는데 니는 나이가 어려서 안 받아준다. 그게 해결된 거다!"

아버지는 쓰레기를 치우면서 때때로 썩은 과일을 주워 오신다. 엄마는 매번 썩은 데를 도려내고 소년에게 주었다. 소년은 동마고무

사장님이 올바른 사람이기를 간절히 바라면서 잠이 든다.

이번에 취직한 동마고무에서는 커다란 사출기와 배합기에서 나온 고무를 가져다가 깎아 내고 펀치로 마무리하는 작업을 한다. 배합기는 생고무와 유화제를 비비고 섞는 시스템이다. 이 공장 일은 매일 피투성이가 되는 일이다. 펀치로 뚫은 구멍은 막혀서는 안 되었다. 소년은 구멍의 이물질을 제거하고 가장자리를 매끄럽게 마무리하는 일을 한다. 이때 전기모터에 의해서 고속으로 회전하는 원통형 샌드페이퍼를 사용한다. 그리고 전기 모터는 소년의 작업대 바로 아래에서 돌아간다.

회전하는 샌드페이퍼는 무척 위험한 기계이다. 손끝이든 손가락이든 닿았다 하면 바로 그 순간 싹 다 갈려 버린다. 소년은 고무 귀퉁이를 맨손으로 잡고서 그 위험한 일을 반복했다. 조그마한 실수도 사고로 직결되기에 집중력이 필요하고, 작업량을 늘려야 하니 속도도 중요하다. 소년은 이 일이 목걸이 공장 일보다 훨씬 전문적인 일이라고 여기며 이제는 진짜 기능공이 되어간다는 자부심도 생긴다. 하지만 여기는 사고로 외상을 가진 사람들도 있을 만큼 위험한 곳이다. 소년은 빠르게 일을 익혀갔다. 매일 그러했듯이 지금도 펀치 작업을 마친 후 손끝으로 고무를 잡은 순간이었다. 가느다란 손가락으로 고무의 귀퉁이를 잡고 샌드페이퍼에 대는 순간, 아... 정말 순간적으로, 소년의 손가락이 동력 벨트 속으로 달려 들어간다. 그 순간 소년의 비명과 피가 동시에 터져 나온다. 옆에서 일을 하던 나이 많은 동료가 급히 달려든다. 지혈 처리는 아무렇게나 되고 사장님이 다가온다. 사장님은 짜증을 내면서 소년의 뒤통수를 세게 후려친다.

"기계 값이 얼만데! 짜증나게시리..."

뒤통수를 얻어터진 소년의 고개가 앞으로 휘청인다. 눈물로 얼룩진 소년의 하얀 얼굴이 파랗게 질려 있다. 소년은 상처 난 짐승처럼 바닥에 웅크린 채 떨고 있다. 고참들은 소년을 병원으로 데려간다. 헝겊을 뜯으니 손가락 세 개가 고무가루와 함께 피떡이 되어 있다. 병원에선 소독약을 바르고 깁스로 얼버무린다. 소년은 깁스를 한 채 다시 공장으로 가서 한 손으로 일을 한다.

엄마는 가슴을 치며 소리 내어 엉엉 우신다. 소년은 마음속의 방만 들여다본다. 할아버지나무의 보금자리엔 아기조롱이 네 마리가 아직도 삐약거리고 있다.

'너희는 아직도 솜뭉치네?'

'짹, 짝, 삑 빅...'

'언제나 깃털이 나올까? 날아다니고 싶지 않아?'

'삐익, 삑...'

할아버지 나무에게 안긴 소년은 의아하다. 나뭇가지에 새순이 하나도 안 나와 있다. 소년은 마음이 아파서 눈물을 흘린다.

'할아버지, 봄도 지나가고 가을이 왔어요. 단풍이 고운 때인데 싹도 안 나고...'

할아버지는 소년을 또 한 번 번쩍 들어 올렸다가 조심히 내려 주신다.

여전히 소년은 깁스를 한 채 공장엘 간다. 한 손으로 할 수 있는 일은 보조일 뿐이다. 보조일은 기술 없이도 할 수 있는 심부름 수준이다. 한 푼이라도 벌어야 하기 때문에 소년은 그것도 마다하지 않는다. 소년은 붕대를 빨리 풀고 싶다. 그래도 3주는 지나가야 된다고한다. 붕대를 풀고 보니 손가락에 푸르스름하고 거뭇한 고무가루가 혈관처럼 누워 있다. 만져보니 딱딱하다.

"이건 기다란 지우개네!"

지우개 주변이 가렵다. 소년은 지우개를 살살 눌러 보다가 긁어본다. 주변 살이 뭉텅뭉텅 떨어져 나간다. 심장이 쿵쿵 방망이질 친다. 그래도 이를 악물며 참는다. 더 조심하고, 더 열심히 일을 해서 돈을 벌거라고 굳세게 마음먹는다. 소년의 일당은 400원이다, 소년공들은 하루에 600원을 받는 게 꿈이다. 사장님은 아픈 동안의 품삯을 주지 않는다. 기계 하나만 버릴 뻔 했다고 호통만 친다.

아버지도 화를 내신다. 월급으로 고용되었으니 다는 못 줘도 반 이상은 줘야 한다는 것이다. 소년은 동마고무 사장님도 썩은 사과라 고 생각하며 마음속에서 억울함이 깊어 간다. 공장에선 수시로 사고 가 생겨나다 보니 다른 동료들도 억울함을 가지고 있다. 이런 못된 사장님들은 자기들 마음대로 하는 것처럼 보인다. 사장님한테 뒤통 수를 얻어맞던 일이 떠오른다. 벌주고 싶어진다. 하지만 사장님을 벌 줄 사람은 없다. 여기서는 사장님이 왕이다.

'나도 힘 센 사람이 되고 싶다'

소년은 다시 또 마음속의 방을 기웃거리며 읊조린다.

'공장에서 일하다가 다쳐도 돈을 줍니다. 병원비도 물어줍니다'

집에 돌아간 소년은 공책에다 커다란 글씨로 적어 놓고 조롱이 들에게도 말해 준다.

공장에서 일하다가 다쳐도 돈을 줍니다. 병원비도 물어줍니다.

엄마는 소년의 손가락을 만지며 눈물을 자주 흘리신다. 출근할 때에도 소년의 손을 잡고 공장 문까지 데려다 주신다. 어떤 날은 퇴 근 때에도 문 앞에서 기다리신다. 소년은 잔업, 철야도 마다하지 않고 열심히 일한다. 점심은 엄마가 싸준 도시락을 먹고 철야근무 때에는 공장에서 주는 라면을 먹는다. 그러다가 어느 날 눈길에 넘어져서 또 다쳤다. 하필 공장 문 앞에서였다. 엄마는 소년이 이 공장에 계속 나간다는 걸 애초부터 꺼려했다. 그러다가 눈길에서 또 다치고 보니 이번엔 정말 그만 두자고 애걸복걸하신다.

"재명아, 이제 그만 하자. 그만 하자 무섭다. 난 이 공장이 무섭다. 재명아 그만 하자."

엄마는 눈물을 줄줄 흘리면서 그만두자고 떼를 쓰신다. 소년은 엄마의 뜻을 거절할 수가 없어서 따르기로 마음먹는다.

06

이렇게 살 수는 없다

소년은 초등학교 졸업과 동시에 일상이 너무도 크게 바뀐 것에 대하여 새삼스럽게 슬퍼한다. 고향에선 학교를 다녔다. 6km나 되는 길이 멀다고는 해도 산길이라 싱그러웠고 무한히 자유로웠다. 비록 걸핏하면 매를 맞고 화장실 청소를 도맡아서 했을지언정 산과 하늘과 계곡과 시내를 마음껏 누릴 수 있었다.

그러나 성남에 온 후 소년은 반지하 공장을 다니면서 해를 볼 수 없는 생활을 해 왔고 맑은 공기 대신에 염산이나 끓는 납이나 일산화탄소 같은 해로운 것들을 가까이 하면서 살다가 급기야는 손가락에 고뭇가루가 들어가 박히는 사고를 당했다. 나날이 손톱이 잘려 나가고 살점이 베어 나가는 환경 속에서 오직 몇 푼의 돈을 더 벌기 위해서 모든 욕구를 내려놓고 지내온 것이다. 이 시각에도 넓은 방에서 과일을 먹으며 독서를 하는 학생도 있을 거라고 생각하는 소년은 삶의 고달픔에 지쳐 가고 있다.

초등학교 졸업 전에는 비가 오나 눈이 오나 학교를 다녔지만 이제는 비가 오나 눈이 오나 공장을 나간다. 온종일 자유를 박탈당한 채 화학 물질과 위험한 기계 속에서 소음을 참는다. 지저귀는 산새 소리를 들어본지가 언제인지도 모른다. 지쳐 가는 소년은 마음속의 방을 들여다볼 여유조차 없다. 여유는 축융봉에서 만난 황조롱이한테서 전해 받은 지혜이고 할아버지 나무에게 깃들어 태어난 막내조롱이의 이름이다.

새로 들어간 아주 냉동은 선임 노동자가 소년공들을 괴롭히고 있었다. 소년도 아침부터 이유 없이 맞고 시작한다. 출근과 동시에 문은 잠기고 퇴근 시각이 와야만 그 건물을 빠져나올 수가 있다. 소년은 처음으로 인간이 갖는 기본권에 생각이 미친다. 인권이라는 것, 소년은 자문한다.

'이유 없이 맞고, 오리걸음과 쪼그려 뛰기를 강요받아야 하는 나에게도 인권이라는 게 있기는 한 걸까? 있다면 그 권리는 어떻게 해야 찾을 수 있는 걸까? 황조롱이는 자력으로 힘을 길렀고 예리함과

신속함과 정확함과 여유를 다 획득했다. 나는...? 아...'

　괴로운 중에도 소년은 뭔가를 깨달은 듯 이마를 짚으며 입을 반쯤 벌린 채 고개를 주억거린다. 그리고 한 번 더 같은 동작을 취한다.

　'동마고무에서는 너의 선물을 사용하질 못했네! 예리, 신속, 정확. 이 모든 걸 마음속에 갖고 있었잖아! 그런데 왜? 나는 왜 그것들을 사용할 수가 없었던 걸까?'

　소년은 당장이라도 축융봉으로 달려가고 싶어진다. 가기만 하면 소년의 황조롱이가 거기서 정지 비행을 하면서 낙동강을 굽어보고 있을 것만 같다. 오직 힘을 기르고 싶었다. 그러나 가진 힘이 하나도 없다고 생각하는 소년은 깊은 자괴감에 빠진다. 울고 싶어진다. 더 이상 공장을 다니기가 싫어진다. 이렇게 살아도 되는 것인지 자꾸만 자문한다. 소년도 중학교를 다녀 보고 싶어진다. 야간 공민학교를 다니는 교복 입은 노동자가 떠오른다.

　'아버지한테 말씀드려 보자!'

　소년은 아버지한테 간절한 마음으로 청을 한다.

　"아버지 저도 중학교를 다니고 싶어요."

　"시끄럽다, 공부해 봤자 아무 소용이 없다! 세상은 니가 생각하는 대로 호락호락하지가 않아. 나는 대학물 안 먹었냐? 그러나 이 삶을 봐라. 죽을힘을 쓰고 살아도 어떤 길도 기회도 주어지질 않았다."

"하지만 이유 없이 빠따를 맞고 일을 시작하고, 어떤 트집이라도 잡아서 오리걸음을 시키고 쪼그려 뛰기를 해야 하는 공장 생활을 계속할 순 없어요. 게다가 점바치가 시키면 친한 사람과도 쌈질을 해야 해요. 맞지 않으려면 패야 한다구요. 패다 보면 동료가 코피를 줄줄 흘리고 쓰러져요. 죄책감이 들어서 주춤거리다 보면 제가 코피가 터져요. 이건 짐승의 삶이에요. 이런 일을 당하지 않으려면 간부가 되어야 해요. 그뿐인가요? 여긴 공장이 아니라 감옥이에요. 화장실을 가는 것도 감시를 해요. 종일토록 철문이 잠겨요. 밖으로는 절대 못 나가요."

"시끄럽다!"

"공장에는 공민학교를 다니는 공돌이도 있어요. 교복을 입고 다닌다구요. 저도 학교를 갈 기회를 주세요. 조금씩 조금씩 힘을 길러야 하잖아요. 언제까지나 매 맞는 공돌이로 살아 갈까요? 더 나아질 기회를 누가 만들어 주나요? 제가 스스로 힘을 기르지 않으면 누가 힘을 만들어 주나요?"

"공장에서 착실히 일이나 할 것이지 공부는 무슨 공부! 시간도 3년이나 걸리고, 거길 나와 봤자 다시 검정고시를 봐야 하고."

소년은 아버지에게 절망한다. 눈물을 흘리다가 흐느껴 운다.

아주냉동은 '삼강사와' 회사의 가게용 아이스박스를 만드는 공장이다. 함석을 잘라서 접은 다음에 스티로폼을 잘라서 집어넣고 프레온 가스로 작동하는 냉각기를 설치하고 모터를 달고 밖에다 스프레이를 뿌리면 된다. 함석판을 자르고 접는 샤링기는 각도를 정확히 맞추어야 한다. 손가락쯤이야 잘리는 줄도 모르게 간단히 날아간다. 게다가 혼자서 무거운 함석판의 균형을 유지하는 것도 쉬운 일이 아니다. 샤링기는 잘리고 나서 통증이 와야 그때 가서 잘렸다는 걸 알게 될 정도로 위험하고 무서운 기계다.

소년은 잠깐 실수로 동료의 손가락이 잘려 나가는 광경을 본다. 동료는 잘려 나간 자기 손가락을 기계 밑에서 찾아낸다. 얼이 나간 듯 희죽거리다가 비닐봉지에 넣더니 병원으로 뛴다. 소년은 겁에 질린다. 그 기억은 결코 잊을 수가 없을 것 같다. 그런 식으로 그 동료는 왼손만 세 번 잘렸다.

소년은 그 사고를 보면서 다급하게 황조롱이의 지혜를 생각했다. 그리고 모든 작업에서 마음속으로 그 지혜를 떠올렸다.

'예리함이여 내게 힘을, 정확함이여 내게 힘을, 빠름이여 내게 힘을... 오... 이 모든 힘이 고도의 여유 속에서 작용되기를...'

소년은 두려웠다. 샤링기가 그런 정도의 살벌함이라면 프레스는 어떤가! 그 무거운 쇳덩이가 위에서 철커덕 내려앉을 때엔 말할 것도 없이 뼈와 살이 부서져 버린다. 그렇다면 함석 가위질은 또 어떨까? 절단된 함석의 긴 단면은 그 자체가 칼날이고, 스티로폼도 뜨거운 철선으로 재단한다. 소년은 그 위험한 종합 공정을 능숙하게 해내야 한다.

소년은 예리함, 정확함, 신속함의 삼박자가 맞을 때 예술이 탄생할 거라고 생각했다. 이 예술이 참된 여유 속에서 이루어지면 절대로 사고는 없을 거라고 소년은 확신했다. 물론 이 삼요소가 한 치라도 어긋난다면 그때엔 예측도 상상도 안 되는 사고로 직결될 거라고도 생각했다.

'그럼 막내인 여유는 사냥에는 필요가 없는 걸까? 황조롱이는 늘 여유를 데리고 다녔지만 내 눈에만 안 보였나?'

소년은 조급한 마음으로는 일이 잘 안 된 경우를 돌아본다.

'그래! 동마고무에서 사고 때에도 그랬다. 빨리 또 많이 하려고 욕심을 내고 있었다'

소년은 진지하게 생각하면서 중얼거린다.

'여유 속의 예리, 여유 속의 정확, 여유 속의 빠름'

그러고는 스스로도 대견했는지 피식 웃는다. 뭔가 비상한 발견을 한 것도 같다는 표정이다. 그러나 그렇게 되면 아기조롱이 중 막내인 '여유'는 필수적으로 형아들과 공조해서 사냥을 해야 한다.

"두 마리가 먹이 사냥을 함께한다?

소년은 거기까지 생각이 진행되자 생각이 엉켜 버린다. 게다가 작업이 위험해서 잡념이 들어와서는 안 된다. 소년은 다른 생각을 걷어치우고 단순한 마음으로 아기조롱이들을 불러서 작업에 집중한다.

'예리함이여 내게 힘을! 정확함이여 내게 힘을! 빠름이여 내게 힘을!'

그리고 이것은 정말 중요하게 생각되어 소중히 마음속에 접어둔다. 황조롱이 사냥의 삼요소는 어쩌면 공장에서 공장이 아닌 세계로 이끌어줄지도 모르겠다는 영감에서이다.

공장 밖에는 진달래가 무르녹아 지천으로 참이다. 그래도 밖으로는 나갈 수가 없고 퇴근하면 깜깜한 밤이거나 새벽이다. 오늘 점심은 공장 마당에 앉아서 다른 소년공과 함께 먹는다. 키 작은 이 소년공은 강원도 출신인데 소년을 잘 따른다. 소년은 꼬마가 허기를 달래려고 수돗물로 배를 채우는 모습을 여러 차례 보았다. 그 후로 도시락을 나누어 먹기 시작했고 이제는 아예 도시락을 두 개씩 싸 오고 있다.

"내 고향 안동은 진달래를 참꽃이라 한다. 먹을 수 있는 모든 것은 참이다. 나는 코앞에 빤히 보이는 뒷산도 못 가는데 고향은 언제나 가볼까... 저런 민둥산에도 꽃은 피네."

"나도 진달래꽃 많이 따먹었다."

"야야, 저 아래 교복 입고 지나가는 여학생들 봐라..."

"어휴... 여학생이 눈에 들어오나?"

"아니다. 여학생이 아니라 교복이다!"

소년은 가슴 속에서 뽀글뽀글 올라오는 이 미세한 방울은 뭘까 생각한다. 방울은 가슴을 톡톡 건드리다 살살 목구멍을 타고 올라오는 듯 했다.

집에 돌아온 소년은 옷소매를 걷고 팔뚝을 이리저리 또 샅샅이 살펴본다. 잠을 자고 있던 형이 묻는다.

"또 다쳤어? 어휴... 상처투성이네, 상처가 어떻게 나날이 는다, 내 동생."

"백 군데는 될 끼다. 뼈가 보이는 사고도 두 번이다. 그런데 형... 나도 교복을 꼭 입어 보고 싶다. 지금 아니면 학교는 영영 못 갈 거다, 그쟈?"

"학벌이 도움은 된다. 그래도 모든 건 빽줄이다. 빽이 있어야 된다."

"아니다! 빽보다도 학벌이 먼저다. 나는 야간을 다녀 볼 거다. 아버지는 3년이나 걸린다고 하지 말란다. 씨알도 안 먹힌다!"

"그래도 그 공장은 돈이 좀 되제?"

"여기나 저기나 기술만 있으면 돈이 딱 그만큼은 된다. 나는 제법 기술이 익숙은 한데 위험성이 크다. 그리고 여기는 감옥이다. 군대다. 사람 세계가 아니다! 형아 나는 황조롱이가 사냥할 때... 여유만만한 사냥을 하려면..."

"뭔 소리고? 또 황조롱이가?"

"형! 나는 지금 이 상황을 반드시 탈출하고 싶다. 이건 내 문제만이 아니다. 다른 공돌이들을 대표해서 탈출할 끼다. 그 담에 하나씩 다 탈출시킬 거다. 또... 이 공장 기술은 용접 빼고는 다 배웠다. 보조로 산소 용접까지는 하는데 그 다음은 안 가르쳐 주더라. 그거 몬 배울 거면 여기 있을 필요가 없다. 나는 학교 준비를 할 거다. 지금 이 결단이 가장 예리하고 정확한 판단이다. 그럼 빠르게 행동으로 옮겨야 할 거 아이가."

소년은 후루룩 생각을 쏟아 놓고는 정작 '여유'에 대해선 어떤 대목에 꽂아 넣어야 할지 막막하다. '예리하고 정확한 판단인데 여유를 두고 행동을 한다면 때를 놓치게 된다'와 같이 표현이 된다면 소년이 말하고자 하는 것에선 멀어진다. 소년은 제대로 설명을 못하고 생각이 엉켜 버린다. 그러나 중요한 건 이 시점에서 공장을 그만두더라도 학교 준비는 할 것이고, 가능하면 그 안에 용접은 꼭 배우고 싶다는 뜻이다. 며칠 후 아주냉동이 문을 닫는다. 어찌 되었든 소년은 그 야만적인 세계에서 빠져나오면서 마음속에 웅크리고 있는 결의를 다시 들여다본다. 그러자 진달래 핀 뒷산 아래를 걸어가던 교복의 여학생들이 떠오른다. 소년은 본래의 자유를 더욱 진하게 갈망하게 된다.

소년은 후다닥 일어나서 뒷산을 향한다. 무작정 산을 오르며 생각에 잠긴다. 학교를 가기 위한 계획을 세운다. 아무래도 이렇게는 살 수 없다고 또다시 굳게 다짐을 한다. 그렇다고 해도 공장 신세는 면할 수가 없다. 살아 있는 한 활동은 해야 했고 활동이란 현재로서는 공장일 뿐이라고 생각할 즈음 아버지의 뜻을 따라서 대양실업을 들어간다.

대양실업은 직원 2~3백 명 정도의 체계 잡힌 공장으로서 야구 글러브와 스키 장갑을 만드는 곳이다. 소년이 하는 시다 일은 가죽을 옮기고 올리고 절단하면 차곡차곡 담아서 2층으로 가져다주는 일이다. 원단은 트럭으로 1~2백 장 정도가 들어온다. 값이 비싼 고급 수출품을 만드는 곳이다 보니 품질 관리가 철저하다. 작은 흠집만 나도 불량 처리를 한다.

소년은 하루빨리 프레스 기술자가 되고 싶어서 쉬는 시간이나 빈 시간에는 몰래몰래 작업을 해 본다. 기계도 궁금하지만 빨리 고급 기술자가 되어 월급을 더 받아야 하기 때문이다. 프레스는 페달을 밟으면 쿵하고 떨어지는 단두대와 같은 원리이다. 프레스는 손을 넣다 빼면서 동시에 페달을 밟아서 쇠가 떨어진 뒤 올라가면 다시 맞춰서 손을 넣어 작업하고 재빠르게 손을 빼야 한다. 이 박자가 조금만 어긋나도 손이 잘리게 된다. 이 작업대 밑에 칼날이 펼쳐 있다. 만일 프레스 위에 손을 올린 상태에서 자칫 잘못 눌리면 순식간에 손이 글러브가 되고 만다. 이 순서를 간단히 말하자면, 프레스를 찍은 다음에 가죽을 위치로 옮기고 프레스를 옮겨 다시 모양을 맞춰 놓고, 페달을 밟아 프레스가 올라가면 뽑아내는 과정이다. 이때 찍어 내는 형태가 다양하고 또 가죽의 크기에 따라 기계를 옮겨 가면서 해야 하기에 또 자투리가 쓸모없이 유실되지 않도록 기술적으로 잘라야 한다. 이모저모로 숙련공이 필요하다. 정말 까다롭고 위험하고 복잡한 공정이다. 소년이 곁눈질로 겨우 배워간 선임 기술자는 한 쪽 손이 손가락 두 개밖에 없는데 이런 사람은 흔하다.

소년은 프레스 기술을 빠르게 익혀 가면서도 한편으로는 학교에 대한 열망을 내려놓을 수가 없다. 이렇게 살 수는 없다는 생각이 줄기차게 올라온다. 뒷산 진달래를 뻔히 보면서도 마음대로 나갈 수 없는 속박, 이유 없이 매를 맞아야 하는 현실, 이것은 항상 소년에게 그림자를 드리웠다. 소년은 매를 맞지 않고 자유롭게 살고 싶다는 절박함을 해결하지 않고는 못 살 것 같다. 하지만 여기 또한 인권도 자유도 말살된 곳이긴 마찬가지이다.

여기서 소년공들을 괴롭히는 대표적 사람은 홍 대리이다. 눈이 튀어나와서 소년공들 사이에선 개구리눈으로 통한다. 홍 대리는 특히 소년을 때리고 못 살게 괴롭힌다. 소년에게 미운털이 박혔는지 소년은 홍 대리의 표적이다. 보기만 하면 건들고 시비 걸고 트집 잡아서 결국은 린치를 가한다. 뒤로 도는 말에 의하면 홍 대리는 사장의 인척이라는 말이 있지만 소년은 홍 대리가 고등학교를 나왔기 때문일 거라고 분석했는데 이제는 반감을 넘어서 증오까지 하게 된다.

"좋다 나도 한다면 한다. 나 이재명이다! 나도 이제는 힘을 기르겠다! 이건 선포다."

힘을 갖추겠다고 작정한 소년은 엄마와의 대화가 생각나자 마음속을 들여다본다. 마음속의 방에는 조롱이 네 마리가 솜털을 벗어가고 있다. 이게 웬일인가 싶다. 아무리 봐도 솜털 덮인 삐약이에서 자라나질 않더니 목화솜처럼 여기저기 뭉쳐 있는 사이로 조그맣게 갈색 깃털이 생겨나기 시작한다. 머리털도 분홍 솜털 밑으로 회색털이 짤막하게 내비친다. 힘도 생겨 보인다. 조롱이 옆에는 소년이 놓아둔 말들이 있다.

'공장에서 일하다가 다쳐도 돈을 줍니다. 병원비도 물어줍니다'

'인권'

'자유'

'이름'

소년은 놀란다. 조롱이들이 말의 의미들을 쪼아 먹고 있었다. 소년의 조롱이들은 엄마 황조롱이가 물어다 주는 벌레나 곤충을 받아 먹고 크는 게 아니었다. 아예 엄마 황조롱이는 나타나지도 않았다는 걸 소년은 이제 비로소 깨닫는다.

"아... 조롱아! 너희들이 그동안 자라나지 못했던 이유를 내가 이제 알겠네. 너희는 내가 길러야 했던 거네! 그런데 하필... 새하고는 관련도 없는 말들을 먹는 거지?"

소년이 납득은 못해도 분명한 건, 소년이 깊이 새기면서 소중히 놓아둔 말의 의미들을 조롱이들이 쪼아 먹고 있었다는 사실이다. 소년은 조롱이의 먹이에 대하여 의아하게 생각하며 어느 날 할아버지 나무한테 여쭈어 보기로 마음먹고 잠을 청한다.

공장일은 언제나처럼 예리함 정확함 신속함을 요했다. 소년은 여전히 홍 대리에게 부당한 핍박을 당하면서도 결국 초급 기능공 단

계까지 올라간다. 오직 전문적인 프레스 기능공이 되기 위한 최선의 노력에다 늘 조롱이들의 지혜에 집중력을 접목시킨 결과다. 이 일은 1초라도 타이밍이 맞질 않으면 바로 상해를 입는 구조이다. 그런데 불행하게도 오늘 소년은 프레스에 손목 관절이 으깨지는 상해를 입는다. 손목 전체는 아니고 다행히 손목의 바깥쪽 부분이다.

'어디가 부러진 것도 아니고 손목 좀 으깨졌기로 붓는 게 대수냐 병원도 사치다. 첫 사고 때에도 팔을 매고 일을 하지 않았냐!'

소년은 병원 치료 없이 통증을 참아 가며 계속 일을 한다. 뼈라도 부러졌다면 병원을 갔을까? 소년은 거친 벌판의 야생초처럼 시련에 맞선다. 그러나 프레스 작업은 손을 계속 들고서 하는 작업이라서 통증이 배가 되어 결국 포장반으로 이동을 한다. 그때 소년은 축융봉에서 멋지게 정지 비행을 하던 황조롱이의 깃털이 떠올랐다.

"그래! 조롱이는 바람에 올라타서 깃털만 잔잔히 나부끼고 있었다. 아... 그렇다! 황조롱이는 바람에게 저항하고 있던 게 아니었다. 단지 바람에 올라타서 즐기고 있었던 것이다. 그래! 황조롱이는 단지 날개만 펼치고 있었던 거다."

소년은 이 깜짝 놀랄 깨달음 때문에 하나의 숙제가 더 늘어나 버렸다.

"여유... 대체 황조롱이는 어떻게 해서 그렇게 여유 있는 실력을 갖추게 된 걸까? 얼마나 시련을 당해야 거기까지 갈 수 있을까? 프레스 작업을 착착 여유 있게 하면서 사고도 안 나려면 얼마나 시간이 가야 할까? 휴... 프레스 일이 돈이 제일 센데 하필 손목이..."

포장반 작업실에는 70여 명 여공의 미싱 소리와 생가죽 냄새가 진동한다.

'겨울철에는 몰라도 여름철에는 고역일 것 같다. 여기서도 살이나 뼈에까지 바늘이 박히는 사고가 있겠지? 살에 꽂힌 바늘은 손으로 빼겠지만 뼈에 박힌 바늘은 펜치로 뽑는다던데 이들이 사고를 당해도 분명 나처럼 그냥 계속해서 일을 할 거라... 제대로 먹지도 못하고 햇빛도 못 보고 파리한 얼굴에 가느다란 손가락들... 우리 모두가 산업전사인데도'

소년은 이 낯익은 매일의 풍경이 정말 서럽다.

'그런데 그 선임이 이 여공들에게 그렇게 포악을 떨다니...'

소년은 취업 첫날 옆의 선임을 보아 가며 곁눈질로 일을 배웠다. 그는 소녀들에게 악명이 높았다. 그런데 이 사람보다 한술 더 뜨는 사람이 개구리눈 홍 대리이다. 이들에게 자유나 인권이라는 의미들은 발밑의 휴지조각 같은 것이다. 그런 선임들에 의해서 공장에선 주 1~2회 권투 시합이 벌어진다. 선수는 글로브를 낀 소년공들이다.

이 싸움은 무조건 이겨야만 하는 싸움이다. 이겨야 할 이유는 지는 사람이 아이스크림 세 개 값을 내야 하기 때문이다. 소년의 한 달 용돈은 50원인데 아이스크림 한 개 값도 50원이다. 이 싸움에서 지게 되면 150원을 내야 한다. 150원은 하루 일당이다. 그래서 소년은 무조건 이겨야만 했다. 하지만 손목뼈가 으스러진 상해를 입은 소년이 이길 승산은 애초부터 없다.

글로브를 낀 펀치로 한 방 맞으면 정신이 멍해지고 온종일 회복이 안 되고 맞건 패건 서로에게 상처가 크다. 이런 야만적인 놀이에다 개구리눈, 선임들은 소년공들까지 강제로 참여시켜서 내기를 걸게 한다. 그래서 소년은 개구리눈에게 형이라는 호칭을 쓰지 않는다. 개구리눈은 그 점을 괘씸하게 생각하여 매일 린치를 가한다. 소년은 그런 연유로 매일 맞았다. 트집거리가 생기면 그게 이유이고 그렇지 않으면 군기를 잡는다고 각목으로 빠따를 친다. 출근할 때에도 퇴근할 때에도.

소년이 인권에 대해서 번민하면서 울분에 젖을 사연은 차고도 넘친다. 그런데 인권 속에는 하늘로부터 받은 자유가 들어 있다는 것을 소년도 이제는 안다. 소년은 권력자들에게는 인권이 있고 소년공들에게는 인권이 없을까에 대해서 깊이 고민했다. 그러나 소년은 그건 말이 안 된다고 그것이야말로 불합리한 것이라고 결론을 내렸다.

자유가 하늘로부터 부여된 것이고 인권에 속하는 것이라면 이미 인간은 평등하다고 규정한 거나 다름이 없었다. 그래서 최근 들어 소년의 의식에는 인권이라든가 자유 혹은 평등이라는 개념이 자리 잡게 되었다.

소년은 불합리와 부조리라는 개념으로 다시 번민이 깊지만 그런 느낌들은 벌써 오래전부터 체험을 통해서 깊이 새겨진 아픔이라 특별히 새로울 것도 없었다. 이미 일곱 살 때부터 불편부당 부조리 불평등 불합리 부자유 모순 허위 등의 진한 체험 속에서 살아왔기 때문이다. 따라서 소년의 침묵은 이미 반항이고 저항이었다. 그래도 소년은 폭력적 성품이 아니었기에 아픈 저항감은 모두 인내력으로 흡수되어 버렸다. 그 때문에 비록 나이는 어리지만 소년의 저항감이나 반항심은 정말 뼈아픈 체험에서 깨우친 실제적 논리로 구성되어 있다. 따라서 개구리눈쯤이야 현재로선 나이와 직급 때문에 밀릴 뿐이지 의미에 있어선 개구리눈이 패배다.

소년은 완력에 굴복하거나 굴종하지 않았다. 어린 나이부터 학교 변소의 똥과 들끓는 구더기를 매일 같이 치우면서도 할미꽃 뿌리를 짓이겨 넣으며 묵묵했고, 가녀린 얼굴에 스물여섯 차례나 주먹뺨을 맞으면서도 이를 악물었을 뿐 묵묵했다. 거기에다 하늘은 정말 무참한 가난까지 내려주셨다. 하늘은 소년에게 어떤 방향의 걸음을 권유

하고 있는 것일까?

개구리눈에게 날로 증오가 깊어간 소년은 독하게 마음먹고 고졸자가 되기 위한 계획을 세운다. 개구리눈이 고졸자임을 알게 되었기 때문에 소년의 목표는 공장 대리이다. 이유는 더 이상 맞지 않기 위해서이고 이것은 짓밟힌 인권을 찾겠다는 내면의 부르짖음일지도 모른다. 개구리눈은 하급자들을 공정하게 관리하지 않았다. 당연히 소년은 개구리눈 같은 사람을 벌주는 규정이 있으면 좋겠다고 생각하는 것이다.

'두려움 속에서 일을 하면 능률이 오를까? 사람들은 고마움을 느낄 때 더 열심히 한다'

소년은 자신의 처지에 대해서 불평을 하며 살진 않았다. 하지만 공장에서 당하는 부당함에 대해서는 늘 서럽고 억울했고 증오스러웠다. 그런데 그것은 소년 혼자만의 분개와 서러움이 아니고 집단적 분개요 서러움이었다. 분개조차도 못하는 공원들은 이미 포기와 절망 속에 있었다.

소년 소녀 노동자들은 돈을 벌어들이는 주역들이기에 회사는 공원들을 잘 대해 주어야 한다는 게 소년의 논리였다.

'현실이 그렇지 않은 건 악질적인 대리가 있기 때문이다. 공원들은 두려울 때보다는 재미있거나 기쁘거나 감사할 때 일을 더 잘하는 거를 사장은 모르고 있다. 만일 내가 제일로 힘이 세지면 공장에다 공원들을 잘 대해 주는 법을 만들어서 꼭 지키게 하겠다. 그리고 이 법을 안 지키면 벌을 주는 법도 만들겠다. 사장도 공돌이들이 당하는 자유 탄압과 폭력에 대해 관심을 안 쓰니 벌을 받아야 한다'

소년은 동마고무에서의 사고 때 소년의 뒤통수를 후려치던 사장의 말을 기억한다.

"기계 값이 얼만데! 짜증나게시리..."

소년은 그 부조리한 비인간성에 절망했다. 아버지에게 절망하는 것도 아버지가 부조리해 보여서이다. 아버지의 절망은 온 식구를 노동판으로 내몰았다. 엄마는 공동화장실로 아들들은 공장으로, 게다가 학교를 보내지 못하는 현실도 아파하지 않았다. 소년이 공장 일을 끝내고 학원에 달려가서 늦은 밤에 돌아와 공부 좀 하려고 해도 불 끄라고 호통을 친 아버지이다. 그렇지 않으면 밖으로 데리고 나가서 쓰레기를 뒤지게 하셨다. 썩은 사과라도 주워 오는 아버지 옆에서 폐지를 주섬주섬 거릴 때 옆집 소녀는 흰 칼라의 교복을 입고 집을 나서곤 했다. 소년은 그때 쥐구멍에라도 들어가고 싶었다. 소년은 생각했다. 아버지는 공돌이를 넘어서서 미지의 세계를 개척하려는 아들을 격려해야 하는 거라고. 또 그런 아버지 자신을 미안해해야 하는 거라고.

07

나에게 자유란 무엇인가?

　　　　소년은 요즘 눈에 보이는 세계와 눈에는 안 보여도 있을 법한 더 큰 세계에 대해서 생각을 한다. 아무리 생각해도 알 수 없는 어떤 힘이 개입해서 가장 불리한 환경으로 자신을 출생시킨 것 같아서이다. 만일 그렇다면 왜일까 생각하다가 형에게 말을 건다.

　"형! 운명이라는 거 말야..."

　"응"

　"에이, 아니다."

　"뭔데? 말해 봐... "

　"나는 내 삶이 말야, 헤비급 챔피온하고 발가벗고 싸우는 것 같아."

"그럼 한 방이면 죽지 인마! 너 잘하고 있잖아 힘은 들어도."

"잘하긴 사고나 당하고... 그나마 살아남고 있는 중인 거지. 생각해 봐 형, 운명이 있다면 이건 진짜 무지막지한 판이야. 그런데... 그렇게나 지독한 판이지만 그래도 버티고 살아남으라는 거겠지? 대체인생이란 게 뭘까? 먹고 사는 일?"

"모르겠다 나도. 여덟 식구가 전부 돈 벌러 나가는데도 나아지는건 없고, 한 칸 방에서 옴닥거리고 사는 것도 그렇고... 이사는 6개월에 한 번씩 가야하고. 어쨌든 나는 중장비나 열심히 해 보는 수밖에."

"형은 그래도 중학교라도 나왔잖아."

"장비만 잘 다루면 되지 학벌은 무슨."

"우리 공장 말야, 퇴근 시간이 30분 당겨졌어. 이거 학원 등록하라는 거지?"

우연일까? 공장의 퇴근시각이 30분 일러진다. 오늘은 1978년 4월 29일. 소년은 공장에서 3km 거리에 있는 검정고시 학원에 등록을 한다. 종합반 학원비가 1만 원쯤 되다 보니 월급이 거의 다 학원비로 나갈 지경이다. 소년은 버스비가 아까워서 걸어 다니기로 한다. 한 달 용돈이 50원인데 20원이나 하는 차비를 매일 지출할 수는 없다는 판단에서다. 주변에서 까짓 공부는 해서 뭐하냐고 빈정대는 사람들도 많다. 그래도 소년의 의지는 결연하다. 공부와 공장 일을 병행하는 것만으로도 벅찬데 아버지의 방해까지 있으니 더 힘들다. 그래도 소년은 의지를 더욱 굳힌다.

"그 어떤 이유도 더는 맞고 살 수 없다는 이유를 능가하진 못한다. 내게도 하늘에서 받은 인권이 살아 있다. 개구리눈이 뭐라고 걸핏하면 몽둥이찜질을 한단 말인가. 죽기 살기로 해 보지 뭐."

아버지는 밤마다 전깃불을 끄라고 호통을 친다. 소년은 아버지처럼 살지는 않겠다고 되뇌며 결의를 다진다. 소년의 머리에는 공부 생각밖에는 없다. 시험 날이 한 달 뒤로 다가오자 과감히 대양실업을 그만 둔다. 공부에 박차를 가하기 위해서이다. 공장 대리가 목표라는 소년의 꿈은 인권과 자유에 대한 갈망이다. 공부하는 잠시 틈을 내어 공책에 정리를 해 본다.

나에게 자유란 무엇인가?

첫째, 남에게 쥐어 터지지 않는 것. 둘째, 배불리 먹는 것 셋째, 자유롭게 다니는 것.

"어찌 되었건 나는 자유를 내 노력으로 쟁취하겠다. 다음 문제는 그 다음의 일이다."

마침내 소년은 8월 검정고시에서 전 과목 평균 67.5점으로 합격을 한다. 이로써 동기들보다 한 학기 먼저 중학교 졸업 자격증을 갖추게 된 것이다. 그러나 중학교 졸업 자격 검정고시 합격이라는 것을 인정하거나 알아주는 사람은 없다. 그래도 소년에게 의미가 있는 것은 국가가 어떤 체제로 움직이고 있다는 것을 알게 되었다는 것과 모든 국민은 법 앞에 평등하고 국가의 보호를 받는다는 사실을 알게 된 점이다. 소년은 그 사실에 놀라면서 기쁨과 희망 속에 서 있다. 따라서 공부의 필요성을 더더욱 새기게 되면서 개의치 않고 다음 코스를 준비하겠다고 굳게 마음먹는다.

"나는 벌거숭이 공돌이로 시작했다. 지금은 프레스공이 필요한 곳에서라면 월급 1만 5천 원은 받을 수 있는 기능공이 되었다. 이것은 자주적으로 나 자신을 구조한다는 점에서 의미가 크다. 그뿐 아니라 나는 학교생활에서 3년이나 걸리는 일을 매일 매를 맞으면서도 단 3개월 만에 해냈다. 나는 이젠 알게 되었다. 긍지를 가져라! 어떤 조건에서도 인간은 평등하다. 개구리눈은 심판을 받아야 한다."

한편 소년은 축융봉 위에서 정지 비행을 하던 황조롱이를 떠올리며 마음속으로 고마워한다.

"가축을 제외한 모든 짐승은 자주적이라는 면에서 위대하다. 그중에서 황조롱이는 더 훌륭하다, 황조롱이는 숲속에선 왕이다. 사냥은 백발백중이고 천적이라고는 뱀밖엔 없다, 그것도 아기 시절에만. 나는 황조롱이한테서 큰 교훈을 얻었다. 예리함, 정확함, 신속함, 여유라는 네 개의 이 지혜가 없었다면 어쩌면 프레스에 깔려서 몸뚱이가 두 동강이 났을 수도 있다. 네 개의 지혜는 내 삶을 이끌어가는 스승이다. 그런데... 할아버지 나무의 '아프락사스'는 무슨 뜻일까?"

엄마는 아직도 점바치의 말을 자주 한다.

"점바치가 너는 크게 된다고 했다. 재명아 결국에는 해낼 줄 알았다."

하지만 점바치는 엄마가 의지하는 힘일 뿐, 소년은 두꺼비 왕자를 오래 전에 내려놓았다. 엄마는 기쁨의 눈물을 흘린다. 엄마의 눈물에서 전해 오는 절절한 미안함에 오히려 소년은 마음이 서럽다.

"매일 매를 때리는 그놈들은 결국은 천벌을 받을 것이다. 내가 그 생각으로 매 시간 가슴이 뜯겨 나간다."

더더욱 소년은 인권, 자유, 평등, 자주라는 개념을 새기고 또 새긴다. 그중에서 소년에게 제일 중요한 건 자주였다. 황조롱이가 훌륭한 이유도 자주적으로 먹이 해결을 하기 때문이다. 소년은 자주적으로 먹고사는 힘부터 기른 다음에 인권을 찾는 게 순서라고 생각한다. 그렇지 않다면 개구리눈에게 맞설지도 모른다. 하지만 그러다가 공장에서 쫓겨날지도 모른다고 생각하는 소년은 맞으면서도 참는다.

"나는 공부를 끝까지 해서 힘을 기르겠다. 다른 소년공들도 억울함에서 구출하겠다. 더 이상 절망하게 내버려둘 수는 없다. 절망 다음은 죽음이기 때문이다. 자살하는 사람은 절망해서 자기를 버린 것이다."

소년은 고등학교 졸업 자격증을 따겠다고 다시 다짐을 한다. 아버지는 그런 아들이 못마땅하다. 매일 새벽 데리고 나가서 쓰레기를 치우게 한다. 소년은 결국 아버지 등살을 이기지 못하여 대양실업을 또 들어간다. 마침 잘 만났다는 듯 개구리눈은 소년을 겨눈다. 그래도 참는다, 오직 공부에 목숨을 건다.

공장 - 학원 - 집 - 새벽까지 공부 - 다시 공장 - 학원 - 집.

소년에게 의지가 약해지려는 순간이 자주 찾아온다. 공장과 공부를 둘 다 해내려 하니 한계에 부딪히는 것이다. 쏟아지는 잠도 막을 수가 없다. 그러던 차 대양실업이 부도가 난다. 이제 소년은 개구리눈의 폭력에서 완전히 벗어난다.

어찌 보면 소년을 공부로 밀어 넣은 사람은 개구리눈일지도 모른다. 줄기찬 폭력을 벗어나지 않고는 살 수가 없었으니까. 자유와 인권에 관한 의식이 깨어나게 만든 사람도 개구리눈이다. 덕분에 새 세계를 향해서 발을 내딛은 소년은 뒤로 돌아갈 생각이 전혀 없다. 소년의 정신이 급속히 성장해 간다. 언젠가부터 소년의 가슴속에 희망이라는 단어가 들어와 있다.

대양실업의 부도가 소년에게 휴식을 제공한 셈이 되자 소년은 며칠 간 여유롭다. 때리는 사람도 없는 이 며칠이 너무도 감사하다, 편하다, 자유롭다. 그러던 중 아버지의 추천에 따라 이번엔 오리엔트 시계를 들어간다. 오리엔트 시계는 시계를 만드는 회사이다. 잘 나가기론 성남의 공단에서 3위를 달린다. 핵심 부속은 시티즌에서 만들고 여기서는 케이스와 문자판, 줄, 시침, 분침, 초침을 만든다.

소년은 여기서도 아직은 자기 이름을 쓸 수가 없다. 아직도 취업 연령에 못 미칠 정도로 어린 것이다. '나'이면서도 '내가 아닌' 현실이 실제인가 악몽인가 싶은 소년은 이제는 자기 이름을 찾고 싶어진다. 남으로서 나를 행세하는 나날이 고역스러운 것이다. 거짓말을 하는 게 아닌데도 이미 거짓인 이 상태는 소년을 죄의식 속에 가둔다. 본명을 불러도 쉽게 대답을 못하고 명찰 이름을 불러도 또 쉽게 대답을 못한다. 매일 폭행으로 치이는 소년이 언제 생길지 모르는 폭력을 경계하다 보니 생긴 현상이다.

소년은 도대체 나는 누구냐?라는 질문이 내부로부터 수시로 올라온다. 이제는 모든 것을 찾아서 떳떳해지고 싶다는 욕망이 더욱 거칠게 솟구친다. 이름, 자유, 인권이라는 자신의 것들을 되찾아야겠다는 도전의식도 마구 용솟음친다.

오리엔트 공장의 소년은 이제는 돌을 깎아 내는 저석공이다. 이러다가 세상 기술을 다 배우는 게 아닌가도 싶다. 시계를 차 본 적도 없는 사람이 시계를 만들다니 그것도 우스워진다. 그래도 엄마에게 손목시계를 선물한 걸 스스로 흡족해 한다. 한 달에 50원씩 받는 용돈을 한푼도 쓰지 않고 모아두어서 가능했다. 처음으로 시계를 갖게 된 엄마는 또 눈물을 흘린다. 엄마는 여전히 점바치 말을 한다.

"재명아 내가 어떻게 이렇게 아이고 이렇게 귀한... 아이고... 내가 시계라는 거는 처음 가져 본다, 어떻게... 아... 참말로 이거 너무나 멋지구나, 아주 귀하고 좋아 보인다, 이게... 이런 게 보석 아니냐! 너는 크게 될 거다. 점바치가 말했다. 아암... 크게 될 거다!"

엄마는 시계를 손목에 걸지도 못하고 두 손으로 감싸서 가슴에 대었다 볼에 대었다 어쩔 줄을 몰라 한다.

"엄마, 그게 보석은 아니고요, 그냥 사치품이에요."

엄마는 그건 귀금속이고 보석이라고 우긴다.

"내가 이 시계는 중하게 보관했다가 이담에 니 색시한테 물릴 것이다!"

소년은 한쪽으로는 뿌듯해 하면서도 한쪽으로는 안쓰럽다. 어렸을 적 생각이 떠오르자 쓴 웃음을 짓는다.

'내가 장가를 가면 왕이 되는데 시계는 무슨'

소년은 자신이 마법에 걸린 두꺼비 왕자라면서 마음의 위로를 삼던 초등학교 시절이 생각난다. 그때에는 마법만 풀리면 이 세상에서 제일 힘센 왕자가 될 것이고 장가를 가면 이 세상의 왕이 될 거라고 스스로 위로하며 추위와 배고픔을 참았다. 그러나 현실로 돌아오면 이제 겨우 중학교 졸업 자격 하나 따 놓은 시계 공장의 저석공이었다.

소년은 공부에 더욱 집중했다. 관리자나 동료들은 야근을 피하는 소년에게 비난과 악담을 일삼았다. 거기서 소년이 공부하는 걸 가장 증오한 사람은 윤 직장이다. 오리엔트 시계에서는 관리자를 '직장'이라고 칭한다. 소년은 윤 씨의 악담에 주눅이 든다.

"공부한다고 출세할 줄 아냐?"

절망에 빠져 있는 윤 씨의 잔인한 언행은 표창이 되어 날아와 명치에 꽂힌다. 죄지은 바도 없이 죄인처럼 위축되는 소년은 꿈을 갖고 있기에 다른 종족이다. 늘 소외되고 고립된다. 그것은 또 다른 형태의 심리적 타격이다. 소년의 공부 의지가 자꾸 좌절된다.

갑자기 주변이 웅성거린다. 글라인딩에 집중하던 소년에게 전달되는 충격.

"윤 씨가 죽었대... 자살을 했다네!"

공원들은 술렁대지만 소년은 글라인딩을 멈추지 않는다. 눈물은 하염없이 흐르고 소년은 더욱 글라인딩에 몰두한다. 그래도 멈추지 않는 눈물. 그 미운 윤 씨가 죽었다는데 눈물이 그치지 않는 까닭을 알 수가 없다. 아니 알 것 같은 생각도 든다. 어떻게 해도 자기를 구조할 수 없는 현실 속에서 결국 자기를 죽일 수밖에 없는 그 절망을 소년은 이해한다.

아주냉동 시절이었다.

"그깟 공부 따위는 해서 뭐해!"

돌파구는 오직 공부 하나였다. 그러나 아버지는 어떤 경우에라도 소년의 공부를 존중하지 않는다. 새벽마다 억지로 깨워서 리어카를 밀게 한다. 상대원동 시장의 쓰레기를 도맡은 아버지의 리어카. 소년이 보기에도 너무 더럽다. 하필 그때 교복 단장한 옆집 여학생이 문을 열고 나선다. 자신을 돌아본다. 소녀에게 비쳐질 초라함이 소년은 싫다. 산재까지 입은 장애자라고 자신을 수치스러워 한다. 소년은 세상살이가 너무 힘들다고 생각한다. 자신에게 무슨 미래가 있을까 비관한다.

"그래! 가자! 죽는 방법만 문제다."

소년은 아버지 앞으로 원망 가득한 글을 남긴다. 그런 후 다락으로 올라가서 연탄불을 피우고 눕는다. 누가 뭐라 하든 이 순간만큼은 삶을 초월한다. 그대로 조용히 잠이 든다. 시간이 흐른다. 잠이 깬 소년은 사태를 확인한다. 연탄불이 꺼져 있다.

며칠 후 소년은 약국을 돌아다니며 수면제를 사 모은다. 이번엔 아래쪽으로 공기가 잘 유통되도록 연탄불을 단단히 피운다. 수면제를 한 주먹이나 털어 넣는다. 때마침 과일 행상을 하던 자형이 부근을 지나다가 들러서 소년을 발견한다. 그래도 소년은 뜻을 바꾸지 않는다. 이번엔 목을 매서라도 기어이 가겠다고 결심을 한다. 집을 빠져나온다. 사기막골도 가 보고 보통골도 가보지만 자형이 매번 뒤를 따른다.

소년은 다시 깊이 생각한다.

'나고 죽는 건 사람의 의지가 아닌가? 서른 알이나 수면제를 먹었는데도 졸리지 않은 이유는 뭐고? 하늘의 뜻인가...'

소년은 다시 더 깊이 생각해 본다. 엄마가 받을 충격도 그려 본다.

'죽는 것도 뜻대로 안 되는 게 삶인가...'

자형은 그 일을 에피소드나 해프닝으로 기억할지는 모른다. 하지만 어쩌지도 못하는 경계에 서 있는 소년의 고뇌를 헤아릴 사람은 없다. 절망의 최후까지 밀린 결단의 체험은 오히려 의식의 전환을 일으킨다.

"살자! 다시 살아 보자! 죽을 만큼 공부를 해서 미래를 만들어 보자!"

중학교 졸업 자격증에 묻어 있는 소년의 고뇌는 그만큼 아프고 절실하다.

소년은 여전히 고개를 파묻고 글라인딩을 한다. 돌아가는 기계에 섞이는 눈물은 윤활유가 된다, 직장 윤 씨가 그렇게 가고 난 후 소년은 착잡하다.

'삶과 죽음의 경계가 도화지 한 장보다도 더 얇네… 윤 씨는 자기 자신에게 하고 싶은 모든 말과 행동을 나에게 했던 거다. 윤 씨도 한때에는 나와 같은 꿈을 가져 봤을 테니까. 그런데도 해내지 못했고, 이루지 못했던 거다. 그래서 절망한 거다. 하지만 나는 하자! 꼭 하도록 하자! 윤 씨가 마지막을 결정 내린 지점, 실은 나도 그 지점에 서 있지 않은가'

소년은 비장한 결의로 부서를 옮긴다. 공부 때문이다. 여기는 먼지 하나 없는 청정 지역으로 도금실 마지막 단계의 공정인 락카 칠 작업장이다. 이중문 구조로 완전히 밀폐되어 있어서 소년이 공부하기에는 안성맞춤이다. 근무 시간에도 허가 없이는 문을 열 수가 없는 곳이니 할당량만 서둘러 끝내 놓으면 공부 시간이 주어진다.

락카칠을 제대로 하기 위해선 배합 작업부터 제대로 되어 있어야 한다. 소년은 시다 시절 수많은 시행착오를 넘어서 이미 숙련공이 되어 있다. 락카 칠은 흠결 없이 완벽하게 완성시켜야 한다. 문자판은 한 판이 40개 정도인데 작업이 끝나면 검사 요원 세 명이 빛을 비춰 가며 미세한 먼지 한 톨까지 잡아낼 정도로 치밀한 검사를 한다. 만일 불량품이 나오면 아세톤에 녹인 뒤 다시 지석실로 보낸다. 거기서 다시 다듬어진 문자판 위에 식자하고 조립하여 분침 시침 초침을 넣고 잠그면 시계가 완성된다.

손이 빠르고 총명한 소년은 이제는 수준급의 기술자이다. 수많은 부서에서 다양한 기술을 습득하는 매번 조롱이들의 지혜에 의지한 덕이다. 예리함, 정확함, 신속함이라는 지혜의 삼요소는 '여유'라는 기반 위에서 작업될 때만 무사고로 완성도가 올라간다. 그래서 '진정한 여유'란 진정한 전문가의 전유물이다. 이제 소년은 여유에 대해서 온전히 설명할 수 있다. 막내 조롱이의 '여유'는 그런 가치를 지닌다. 비로소 자주적 먹이 활동이 가능한 '스스로 돕는 자'가 된 것이다.

한편 락카칠 부서는 소년에겐 구원의 등불이 된다. 간섭하는 사람도 소음도 없는 밀폐된 공간에서 집중적으로 검정고시 준비에 몰두했다. 그리고 마침내 80년 4월에는 대입 검정고시에 합격을 한다. 만 14세부터 3년 만에 6년의 교과 과정을 독학으로 마친 공장 노동 5년차, 지금은 만 16세이다. 소년은 고등학교 검정고시 합격증을 제일 먼저 아버지에게 내보인다. 해냈다는 뜻이다. 그러나 아버지는 아무 말이 없다. 어느 날 귀가하니 합격증이 갈갈이 찢겨 흩뿌려져 있다. 소년은 공단 거리를 미친 듯이 방황했다. 주체할 수 없는 울분이 증오심으로 변한다.

'아... 아버지... 아버지...'

이 도전의 시작은 개구리눈 홍 대리로부터이다. 그리고 그때의 꿈은 공장 대리였다. 하지만 정작 고졸 자격을 취득했는데도 관리자로 추천하는 사람은 없다. 또 가능성을 타진해 보라는 사람도 없다. 소년은 여전히 락카 칠 작업장에서 휘발유와 아세톤과 석면을 호흡한다. 규정상 마스크도 쓸 수가 없다. 문자판을 벗겨 내고 씻는 것까지가 소년의 업무인데 맨손으로 일을 해야 하니 손톱도 녹아 내린다. 초음파의 힘으로 벤졸은 항상 끓고 있다. 결국 소년은 코가 비뚤어지고 한쪽 코로는 숨을 쉴 수가 없게 되면서 '비중격만곡증'이라는 병명을 진단 받는다. 냄새를 못 맡게 된 것이다. 소년은 되뇌고 또 되뇐다.

'이 노동판, 이 노동판…'

소년은 죽은 윤 직장이 지석실에서 퍼붓던 저주의 말이 생각난다.

"공부한다고 출세할 줄 아냐!"

소년은 죽은 윤 씨에게 대꾸를 한다.

"나는 남에게 쥐어 터지지 않고, 배불리 먹을 수 있고, 원하는 때 자유롭게 다닐 수 있기를 바랐다, 거기에 조금 더 욕심을 내자면 교복을 입고 으쓱거리며 고향 산천을 걸어 보고 싶었다. 그대가 죽음 앞에 삶을 던질 때에도 우리는 절박한 마음으로 이 삶에 매달렸다. 아직도 우리 남은 자들은 몸서리치는 좌절의 강을 건너는 중이다.

하지만 이제는 두고 보아라, 나는 기필코 새로운 길을 내리라. 죽어간 그대들의 제단에도 나는 숙명으로 타오르는 뜨거운 향을 피우리라."

인권, 마음의 먹이

　　소년은 여러 차례 회사 옥상을 오르내린다. 가슴이 답답하고 호흡이 불편하다. 공장에서 들이마시는 화학물질이 아무래도 신경이 쓰인다.

　"코 반쪽은 망가지고, 손톱 밑엔 연청색의 고무 가루가 박히고, 팔은 뒤틀어지고... 앞으론 또 뭐가 생길지, 휴... 도대체가 산 넘으면 산, 그 산 넘으면 다른 산. 평생 이렇게 산만 넘다 끝나게 될 건지..."

　소년은 최근 들어 부쩍 더 팔이 아프다. 다친 손목에서 안쪽 뼈만 성장하니 팔이 뒤틀어지면서 통증 때문에 잠도 안 온다. 아버지는 소년에게 직접 돈을 벌어서 팔을 고치라고 한다. 소년은 고칠 수나 있을지를 의심하면서 영락없이 장애자가 되어 버린 처지를 서글 퍼한다. 마음 한편에선 좀더 열심히 해서 공장장이 되라고도 속삭 여 온다.

"좀더 열심히 해서 공장장이 되고, 나중에 작은 공장이라도 하나 차리면 먹고사는 데에는 지장이 없을 거다. 그러다가 참한 색시하고 결혼을 해서 조롱이처럼 귀여운 아기들을 낳고 평화롭게 살 수 있다 면 그 삶을 마다할 이유가 있을까?"

그러나 과연 대학교를 갈 수 있을까도 확신이 없다. 소년은 이 마 음에서 저 마음으로 흔들거린다. 게다가 대학교 등록금에까지 생각 이 미치면 정말 태산을 만난 듯 암담해진다.

'월급은 10만 원인데 등록금은 월급의 열 배도 넘는다?'

소년은 틀어지는 오른 팔을 이리 저리 살펴본다.

"이게 불구지 다른 게 불군가? 이런 걸 병신이라고 하는 거다!"

소년은 한숨을 내쉬면서 하늘을 쳐다본다. 푸르고 깊은 하늘에 잠긴다.

'오늘은 새벽 세시 반까지만 하고 자자'

집에 돌아온 소년은 앉은뱅이 재봉틀을 책상 삼아서 공부를 한 다. 새벽 두시쯤 되자 아버지가 들어와서 다짜고짜 호통을 친다.

"전기세를 어쩌려고 30촉짜리를! 대학은 무슨! 학비가 한두 푼

이냐!"

소년은 말대꾸를 하다가 결국 아버지한테 손찌검을 당한다. 소년은 이불 속으로 들어가서 머리까지 파묻는다. 한스럽다는 생각밖엔 떠오르는 게 없다. 뜨거운 눈물이 흐른다. 이 환경은 버틸 수 있는 환경이 아니라고 되뇐다.

'뚫고 나가자. 솟아오르자. 길은 외길, 공부만이 살 길이다. 뜻이 있으면 길이 있다고 했다. 고입 검정고시 때에도 동마고무 퇴근 시간이 30분 당겨졌지 않냐. 그게 아니었으면 학원 등록은 꿈도 못 꿨을 거다. 내일은 또 새로운 소식이 생겨날 수도 있다. 등록금보다는 공부가 먼저다. 등록금 걱정은 합격통지서를 받은 후에 해도 된다... 광주 학생 놈들...무식한 놈들... 참담하네. 있는 집 자식들, 배부른 놈들, 감히 버스를 탈취해서 총칼을 들고 경찰에 맞선다? 내 환경으로 하루만 살아 봐라, 공장에다 하루만 돌려도 깨갱거릴 놈들이, 어휴 이놈들 쫓아가서 짓이기고 싶네, 메스꺼운 놈들'

아버지에게 맞은 분풀이를 달리 할 데가 없는 소년은 뉴스에다 분풀이를 한다. 공부한답시고 늦게까지 불을 켜놓는 게 항상 마음에 걸렸지만 오늘 아버지에게 손찌검까지 당하고 보니 조금이나마 미안했던 마음도 깨끗이 증발해 버린다. 오히려 차곡차곡 접어 두었던 아버지에 대한 울분이 스멀스멀 기어 나와 마구 펼쳐진다. 뜨거운 눈물은 멈출 줄을 모른다. 30촉 전구를 문제 삼는 것은 잠 좀 자자는 것이고 공부하지 말라는 뜻이라고 생각하는 소년은 아버지처럼은 살지 않겠다고 또 한 번 다짐을 한다.

다음날 소년은 전구 둘레에 백지를 붙여 놓고 출근을 한다. 전기세는 어찌되었건 아버지의 수면을 방해하는 것은 미안하다는 뜻이다. 퇴근 후 돌아와 보니 30촉 전구는 사라지고 5촉짜리 전구가 끼워 있다. 소년은 놀란다. 질려 버린다. 입이 침묵하는 게 아니라 마음이 침묵한다. 더 이상 아버지로 인해서 감정의 동요를 받지 않겠다고 다짐을 한다. 그동안 아버지에게 맺혀 있던 진한 증오와 원한의 감정들에게 소년은 정지를 명한다. 그렇게라도 하지 않으면 공부를 해나갈 수 없을 것 같아서이다.

줄기차게 공부를 방해하는 아버지는 정히 가려거든 야간전문대를 가라고 한다. 학비는 공장엘 나가서 스스로 해결하라는 뜻이다. 그러나 소년은 야간전문대를 가고 싶은 마음이 추호도 없다. 교복한번 못 입어보고 학창 시절을 검정고시로 얼렁뚱땅 때워 버린 소년은 대학만큼은 어엿한 데를 들어가서 공부다운 공부를 하고 싶은 것이다. 그런데 하물며 야간대학이라니!

"아버지는 나에게는 철저한 가정 재해이다. 공장에서 입은 산업 재해나 같다. 산업 재해의 후유증이 팔 병신이라면 가정 재해로 겪는 후유증은 찢어진 마음이다."

나라 사정도 어수선하고 집안 분위기도 아버지의 지청구에 수시로 엉망이 된다. 진부하고 유치한 잔소리에 귀가 질린다. 그러던 중 소년은 청천벽력 같은 뉴스를 접한다. 사실 어떻게든지 대학을 들어가고 나면 과외 아르바이트를 해서 학비를 조달할 계획이었다.

"입시 석 달 전에 개혁이라니! 본고사가 폐지되면서 대학생 과외도 전면 금지되면?"

소년은 모든 꿈이 깨졌다고 생각한다. 그리고 며칠 내내 공부에서 손을 뗀다. 그러나 아무리 생각해도 대학을 포기해선 안 될 것 같다. 소년은 자나 깨나 앉으나 서나 입시 문제로 전전긍긍 한다.

'스승이 있다는 건 얼마나 큰 축복인가. 나도 은사님이라고 부를 스승이 있으면 좋겠다. 이럴 때 달려가서 상담이라도 할 수 있다면...'

소년은 흠칫 몸을 떤다. 초등학교 시절의 악몽이 떠오른다. 매를 때리던 선생님들이 하나 둘 떠오른다. 자신의 아들딸들에게는 살뜰하게 대했을 거라는 생각이 들자 눈을 감아 버린다. 주먹을 부르쥔다. 고개를 젓는다.

"대학에는 꼭 가야 한다. 나에겐 반드시 해야 할일이 있다. 힘을 갖춰야 한다."

마음속을 들여다본다. 엄마와 대화하던 어린 소년의 음성이 또랑또랑하다.

초등학교 1학년 때였다.

"엄마, 교장 선생님보다 더 훌륭한 사람이 누구예요?"

엄마는 웃으며 말씀하셨다.

"사장님!"

"사장님은 힘이 센가요?"

"그러엄!"

"그럼 사장님보다 더 힘센 사람은 누구예요?"

"회장님!"

"그럼 회장님보다 더 센 사람은요? 우리나라에서 제일 힘이 센 사람은요?"

엄마는 단호하게 말씀하셨다.

"대통령!"

아이는 엄마의 말씀을 가슴 속에 깊이 묻어두었다. 엄마가 아이에게 물었다.

"훌륭한 사람이 되고 싶니?"

"네! 힘센 사람요!"

엄마와 소년의 말들 옆에선 네 마리의 조롱이가 열심히 모이를 쪼고 있다. 안 본 사이에 부쩍 자랐다. 연갈색 바탕에 진갈색 무늬가 고목나무 비늘 같다. 호랑이 가죽처럼 무늬 놓인 옷을 보며 소년은 감탄한다.

"날지도 못하면서 자세만 늠름하니 가소롭다. 그래도 다 자라면 할아버지 나무 등걸처럼 멋진 옷을 입겠네!"

소년은 입이 귀에 걸린다. 행복해진다.

하나씩 이름을 불러본다. 조롱이들은 들은 체도 안 하고 열심히 모이를 쫀다. 소년은 먹이를 유심히 들여다본다.

"인권, 자유, 평등, 자주, 헌신, 공정, 공장에서 일하다가 다쳐도 돈을 줍니다. 병원비도 물어줍니다. 나."

조롱이 주변으로 쌓여 있는 놀라운 먹이들, 소년은 다시 또 소스라치게 놀란다.

"정말 이게 너희의 먹이라고? 새가 인권을 먹으면? 자유를 먹으면? 새한테 무슨 인권? 게다가 '나'라는 먹이도 있다고? 그건 뭐지? 혹시 자아를 갖고 싶은 거야? 두꺼비 소년에서 빠져 나왔더니 여기는 매직 월드인가? 새에게 자아가 생기면 어떻게 되는 거지?

소년은 빙빙 어지러워지면서 가슴이 방망이질 친다. 이걸 도대체 어떻게 해석을 해야 할까 싶어서 혼란스러워 진다.

소년은 바닥에 쭈그리고 앉는다. 턱에다 손을 괴고 골똘히 생각한다.

'알을 깨고 나온 게 언젠데 아직도 못 날아가고... 어미는 나타나지도 않는다. 아기 새는 스스로 크고 있다. 내가 한 말들을 쪼아 먹는다?'

소년은 다시 어지러워지면서 풀기 힘든 문제라고 고개를 절레절레 젓는다. 아무래도 할아버지 나무가 다시 와 주면 좋겠다고 생각한다. 하지만 할아버지 나무는 만나 봤자 아프락사스만 외치고 말거라고 생각하고 마음을 접는다.

소년은 대학 입시에 관한 정보를 구하려고 학원에도 가 본다. 또색다른 관점으로 입시 제도를 바라보기도 한다. 여러 날이 지난 후소년의 얼굴에 둥그런 웃음이 번진다.

"한 번 또 해 보자! 외려 이건 적극적으로 도전해 볼 가치가 있네. 이거 의외의 기회가 되겠다! 내신 성적을 낼 수 없는 사람들은 예비고사 성적을 내신으로 쳐 주니 시험만 잘 보면 된다. 시험? 목숨 걸고덤벼 보자. 본고사가 없어졌으니 주관식 문제 출제 자체가 없다 이건 나로서는 실점의 기회가 사라진 거다. 득이다! 게다가 사립대의 장학 제도가 확장이 됐다. 잘하면 학교도 공짜로 다니면서 월급까지 받을 수도 있겠다! 문제는 실력이다!"

소년은 미래로부터 행운의 편지를 받은 듯한 기분이 된다. 잠자리에서 엄마에게 속삭인다.

"엄마, 희망이 생겼어요. 열심히 해 볼 거예요. 진짜 열심히 해 볼 거예요."

영문도 모르는 엄마는 졸린 눈을 간신히 떴다 감으며 소년의 머리를 쓰다듬는다. 뭐라고 웅얼거린다.

"점바치가 너는 크게 된단다. 아암…"

이윽고 툭 떨어지는 엄마의 팔. 다시 깊은 잠에 빠지는 엄마.

소년은 대입 학원의 야간 입시반과 상대원 고개의 독서실에 등록을 한다. 8시 30분에 출근해서 6시 퇴근하면 곧장 학원으로 간다. 학원은 답십리에 있고 성남에서 학원까지는 버스로 한 번에 갈 수 있다. 학원 공부는 저녁 7시에서 11시까지이고 달마다 모의고사를 치러서 순위를 매긴다. 답십리의 학원에서 11시에 끝나면 상대원동 독서실로 간다. 거기서 12시부터 새벽 4시까지 공부를 더 하다가 통금 해제와 함께 귀가한다.

소년은 시간에 시간을 쪼개고 보태어 공부에 매진하면서 적은 틈도 낭비하지 않으려 애를 쓴다. 그러나 당초부터 쉬운 도전이 아니었고 졸음을 참아 낼 재간은 없다. 버스 안에서도 단어장을 손에 든 채 잠에 빠져 허다한 날 종점까지 간다. 종점은 사기막골, 성남으로 옮겨온 후 그나마 마음을 달래던 곳이다. 학원 공부 두 달 후 시험을 보니 입시 대상자 65만여 명 중에서 18만 등 정도로 순위가 나온다. 소년은 잠시 실의에 빠진다.

"이런 등수로 뭐가 되겠나. 휴... 방법을 바꾸자! 숫제 학원을 그만 두고 독서실에 틀어박히는 게 시간 요리를 더 잘하는 게 될 거야."

소년은 도시락을 두 개씩 싸 가면서 주야로 독서실에 파묻힌다. 그래도 급진적으로 성과가 나질 않자 공장을 그만두고 독서실에 파묻히기로 단안을 내린다.

월급까지 받으면서 다양한 기능을 갖게 해 준 공장은 자주적으로 생존할 수 있게 해 준 곳이니 정말 고마운 일터였다. 폭력을 행하던 선임들 덕분에 검정고시에 도전을 했으니 그 또한 고마웠다. 산업 재해가 터져도 몰라라 하는 운영 방침 또한 마찬가지다. 그렇지 않았다면 인권에 대해서, 자유에 대해서, 복지와 공정에 대해서 소년은 눈도 못 떴을 것이다. 폭력과 억압, 과도한 노동, 동료와 싸움 붙이고 즐기는 일, 일당을 착취당하는 아이스크림 내기판 등 어느 한 가지도 불합리하지 않은 것이 없는 공장 생활은 소년의 정신이 일어서기에 부족함이 없는 훈련장이었다. 소년은 아팠던 그 모든 것에 진심으로 감사했다.

그러나... 살이 찢어지고 터지고 뼈가 드러나고 아예 부러지고 신경이 끊어지고... 잘라진 자신의 손가락을 찾아서 주워들고 희죽거리는 현장, 그러다가 결국에는 죽음을 택하기도 하는 현장, 소년 소녀들 저 자신은 미처 알지 못해도 죽음까지는 불과 두세 걸음인 벼랑 끝, 모두 거기서 프레스를 다루고 미싱을 돌리는 곳, 이 모든 것은 어쩔 것인가! 소년 또한 밀폐된 공간에서 스프레이로 분사되어 흩날리는 신나와 휘발하는 아세톤을 들이마셨고 냄새 맡는 기능이 상실되었다. 프레스에 찍혀서 성장판이 부서졌고, 팔은 뒤틀어져서 24시간 고통 중이다. 어쩔 것인가!

그러나 그 자리에서 소년은 다시 한 번 지나온 모든 공장에게 머리 숙여 감사했다. 가야할 길을 제시해 준 폭력과 억압과 불합리, 불공정에도 머리 숙여 감사했다. 그리고 덤덤히 사표를 제출했다. 이제 소년은 공돌이가 아니다.

인현독서실은 상대원 고개에 있는 2층 건물이다. 소년은 말로만 듣던 극기 훈련처럼 인내력과 사투를 한다. 쏟아지는 잠을 이겨 보려고 책상 가장자리에 압핀을 뿌려 놓는다. 그러나 소년은 여러 군데가 압핀에 찔린 채로 깊이 잠들어 있다. 얼마 후 소스라치게 놀라며 깨어난 소년은 길게 한숨을 쉰다. 가까운 산으로 올라가 자신을 회초리로 따갑게 매질한다.

"잠! 잠으로 인생을 망칠 거냐!"

다시 독서실로 들어간다. 하루 또 하루 고된 시간이 흐른다. 점점 깊어지는 내공, 이윽고 소년은 짧은 시간에도 많은 학습량을 소화시키며 놀라운 효율을 올린다. 그때 비로소 체득되는 진리, '시간은 상대적 관념'이다. 3개월쯤 후에는 마침내 전국에서 천오백 등 안팎으로까지 실력이 향상된다. 당초 목표는 2천 등 안으로 들어가는 것이다. 그래도 화장실 가는 시간까지 활용한다. 손에서 책이 떨어지는 경우가 없다. 자는 시간도 4시간으로 한정시킨다. 독서실에 내왔던 이부자리도 집으로 들여놓는다. 잠도 앉아서 공부하면서 잔다.

드디어 11월 대입 학력고사 날이 다가왔다. 문제는 체력장에서 깎아먹는 점수다. 한쪽 팔의 장애 때문에 턱걸이는 한 번도 못하고 윗몸일으키기는 1분에 30번도 채우질 못한다. "더 해 봐야 16점 이상 받기 어려우니 일찌감치 포기해라."

안쓰러워서라고 생각한다. 소년은 감독관의 권고에 따라 독서실로 돌아간다. 소년의 체력장 점수는 그래서 16점이다. 16점은 원서만 내면 누구나 나오는 최하 점수이다. 그래도 서울대학교 1-2개 과를 제외하고는 원하는 어떤 데라도 합격이 보장되는 결과가 나왔다. 소년은 이제 비로소 한숨 돌리며 잠을 좀 자야겠다고 생각한다.

"엄마! 어디라도 들어갈 수가 있어요! 등록금도 면제되고 월급까지 받아요! 오리엔트의 몇 배나 돼요! 제 생활도 꾸리면서 저축도 하고 재선이 형 학원비도 대줄 수가 있어요!"

엄마는 함박같이 웃으면서 눈물을 흘린다.

"재명아, 나는 알고 있었다. 점바치가 너는 크게 된단다. 너도 알고 있었지?"

"중앙대학교에 원서를 넣을 거예요. 법학과요! 여기가 제일 세요!"

"그래, 너는 어려서부터 제일 힘센 사람이 누구냐고 물었지. 잘했다, 정말 잘했다."

"형도 건설회사 중장비 그만 두고 학원 다니면서 대입 시험 준비하라고 하세요. 1년만 죽기 살기로 하면 돼요!"

소년은 학점과 상관없이 3학년까지 등록금이 면제되면서 한 달에 20만 원의 생활비까지 지원받을 수 있는 중앙대학교에 입학 원서를 제출한다. 학과는 그중 커트라인이 가장 높은 법학과이다.

소년은 지통마에서 성남으로 옮겨와서 공부한 모든 것을 돌아본다. 그중 제일 든든한 일은 기술을 배운 일이라고 생각한다.

　　"이제는 굶어 죽을 일은 절대로 없다! 나는 기술을 써먹을 수도 가르칠 수도 있는 힘을 얻었다. 이제 나는 새로운 세계로 들어간다. 제2의 힘을 갖추기 위해서다. 제2의 힘은 첫 번째 세계의 불완전함을 보완할 수 있어야 한다. 나는 우리 세계의 수많은 공돌이의 대표가 될 힘을 기르겠다. 내가 흘린 땀과 눈물과 그들의 피눈물을 거두게 하겠다. 죽어간 자들의 절망도 헛되게 하지 않겠다."

　　소년은 오늘 만큼은 편히, 정말 늘어지게 자겠다고 생각하며 자리에 든다.

09

다시 또 초인의 도전

소년은 길게 기지개를 켜면서 잠에서 깨어난다. 아무도 방해하는 사람이 없다 보니 잠시 다른 세상이 펼쳐졌나 싶다. 오늘 자신이 입은 수혜는 무엇일까 하나씩 그려본다. 출근을 안 해도 된다. 독서실에 안 가도 된다. 학력고사 성적이 어떻게 나올까, 생활 보조금을 타는 장학생이 될 수 있을까, 그런 걱정을 할 필요가 없다. 아무 것도 할 게 없어서 자유롭다. 소년은 그중 큰 수혜인 자유를 곱씹어본다. 기분이 좋아진다. 게다가 이 시각까지 누워 있을 수 있다니... 그러다가 어쩐 일로 새벽 단잠이 훼손되지 않았다는 생각이 들면서 아버지가 떠오른다. 쓰레기 청소에 생각이 미친다. 이제는 거

꾸로 기분이 나빠진다. 가슴속에 눌러 놓았던 아버지에 대한 원한
이 기어 나온다.

"아... 이 문제. 아버지와 숙명적으로 얽히는 끝도 없는 갈등. 도
무지 이해도 용납도 안 되는 아버지..."

소년은 부르르 떨며 다시 괴로움 속으로 빠진다. 가정 재해라고
까지 여기는 이 갈등을 극복하기 전에는 그 어떤 것도 다시 시작할
수 없을 것 같다. 마음속에서 두서없는 말들이 기어 나온다.

'너만 괴로울 뿐이야. 아버지는 온당한 행위를 했으니 저놈이 고
쳐야 한다. 나는 잘했다. 내 말을 거스르면 어찌 되는지 맛 좀 봐라.
거기가 끝이야. 그런데 니가 그걸 주워들어서 가슴에 품고 있는 거
지. 그리고 생각날 때마다 꺼내 들고는 부르르 떠는 거야. 그래가지
고 큰일을 할 수 있을까?'

소년은 다시 부르르 떨린다. 벌떡 일어나서 자전거를 끌고 나간
다.

수원교육청에서 학력고사 성적표를 교부하던 날이었다. 성적에
낙관은 하고 있어도 과연 장학금을 받을 수 있는가에 관한 확인은 소
년에게는 중대한 일로서 차비가 문제가 아니었다. 시간을 늦출 이유
도 그래야 할 마음의 여유도 없었다. 그러나 아버지는 다음날 수원

출장이 있으니 찾아다 줄 때까지 기다리라고 한다. 쓸데없이 차비를 버리지 말라는 뜻이었다. 소년은 아버지 뜻을 거스르고 수원을 갔고 이 사실을 알게 된 아버지는 대노했다. 소년은 예상대로의 고득점 성적표를 받았고 집에 돌아와 보니 고입, 대입 검정고시합격증들과 참고서들 중 일부가 갈기갈기 찢겨서 흩어져 있었다.

아버지의 얼굴 옆으로 김창구 원장의 얼굴이 떠올랐다. 김창구 원장은 검정고시를 준비할 때 잠시 다녔던 대입 단과학원의 원장 선생님이다. 소년이 학원을 그만 다니려고 했을 때 선생님은 이유를 물어왔다.

"돈이 없어서요."

"그럼 그냥 다니면 되지! 너 자신을 믿어 봐. 가능성이 크거든. 그리고 공부는 때를 놓치면 다시 하기가 무척 힘들어."

타인으로부터 인정을 받아보는 건 처음이었다. 게다가 머리까지 쓰다듬어 줄 때에는 어떻게 대처해야 할지 난감했다. 시간이 지나면서 소년은 자기 이외에도 무료 수강생들이 더 있다는 걸 알게 되었다. 어이가 없었다. 이해할 수 없다고 선뜻 들이델 셈법도 없었다. 그런데 선생님은 틈틈이 배는 안 고프냐고 묻기까지 한다. 낯선 친절을 마주칠 때마다 소년은 쭈뼛거렸다. 선생님이 부담스러웠다. 반면에 공부 의욕은 점점 더 높아지고 있었다. 소년은 선생님께 칭찬 받는 것이 기뻤다. 학원 갈 때에도 뛰어서 갔다. 선생님을 조금이라도 더 빨리 보고 싶었다.

소년은 맞지 않으려면 때려야 하는 세계에서 성장했다. 공짜로 무엇을 주는 일도 없었고 줄 것도 없었다. 내기 싸움에서도 일부러 져 주는 사람은 더더욱 없었다. 거기는 양보하면 밟히는 세계였다. 세상은 다 그런 줄 알았다. 소년은 출발부터 열세였다. 나이가 어려서 열세였고, 키가 작아서 열세였다. 관리자들 앞에는 공돌이 지위라서 열세였고, 깔끔한 교복의 여학생 앞에서는 장애가 있어서 열세였다. 어떤 경우에서도 이길 수가 없었다. 그 다음부터 소년은 웃기 시작했다. 억울해도 웃었고 분해도 웃었다. 아이스크림 값으로 일당을 뜯길 때에도 웃으면서 뜯겼다. 억울해 하면 맞는 세계였다. 따지고 들면 밟히는 세계였다. 그토록 웃을 일 자체가 없는 세계였지만 그래도 웃었다. 당연히 소년의 웃음에 진실은 없었다. 그러면서 진정으로 웃는 법을 잊어갔다.

김창구 선생님은 늘 웃으셨다. 소년도 선생님을 만나면 웃게 되었다. 공장에서도 선생님이 떠오를 때마다 미소를 지었다. 가슴속에선 감사함이 생겨났다. 그리움도 생겨났다. 소년은 이런 마음이 존경의 마음이라고 생각했다. 소년의 세계에서 선생님이란 때리는 존재일 뿐이었다. 그런데 이제는 소년에게도 존경하는 선생님이 생긴 것이다.

지통마 산골에서는 거기가 세상의 전부인 줄 알았다. 그런데 경주 여행의 가을 땡볕에서 보니 그게 아니었다. 세상은 넓었고 모두 앞서가고 있었다. 소년은 고립되고 뒤떨어진 자신의 세계를 벗어나고 싶어서 남몰래 울었다.

성남에 와서는 효도 여행으로 아버지와 함께 연안부두를 간 적이 있다. 소년은 처음 본 바다의 넓이와 예측도 안 되는 깊이에 두려움을 느꼈다. 소년이 첫 번째로 한 일은 과연 바닷물은 짠맛인가 확인하는 일이었다. 바닷물을 마셔본 소년은 경악할 짠 맛에 다시 한 번 주저앉았다.

'나는 기필코 우물 안 개구리의 껍질을 벗어 던지겠다. 이제는 알량한 경험만을 가지고는 그 무엇도 주장하지 않겠다! 대신에 큰 세계로 나아갈 공부를 하자. 나는 멈추지 않겠다!'

소년은 자신에게 한 약속을 지켰다고 생각했다. 여태까지의 험난한 과정은 현재의 자신이 만들어지기 위한 몸살이었다고도 치부한다. 지나온 과정에는 개구리눈 같은 사람도 있고, 직장 윤 씨처럼 죽어간 사람도 있다. 그리고 지금도 자신의 운명을 바꿔 볼 엄두조차 내질 못하는 수많은 소년공이 있다. 그들은 여전히 매를 맞으며 하루를 시작할지도 모른다. 소년은 누구보다도 노동자의 현실을 잘 안다. 소년은 존경하는 김창구 선생님을 생각하면서 자신도 반드시 약한 자들에게 위로가 되고 힘이 되는 삶을 살겠다고 마음먹는다.

소년은 마음속을 들여다보며 어디 가서 무엇을 할지라도 장애를 얻으면서까지 청소년기를 바친 부조리한 노동판만큼은 잊지 않겠다고 다짐을 한다. 지난 일기를 뒤적거린다. 절망과 의욕이 교차된 사춘기가 눈물겹다. 누구에게도 드러낼 수 없었던 마음의 조각들이 오히려 소년을 바라본다. 살아 내기 위해서 애썼던 순간, 차라리 죽음을 동경하며 고뇌했던 시간, 그리고 다시 일어선 초인적 시간들... 그 모든 시간에게 소년은 박수를 보내며 스스로 사춘기를 마감한다.

청년 이재명은 드디어 소망하던 교복을 입고 중앙대학교 82학번 법대생이 되었다. 공돌이에서 대학생이라는 신분의 변화는 획기적이었다. 공연히 어깨가 우쭐거렸다. 게다가 장학생이라는 자긍심은 뽐낼 만하고도 넘쳤다. 그러나 다시 또 좌절하는 청년.

중·고등학교 6년을 1년 3개월에 해치운 부작용이 컸다. 철학, 법학, 행정학, 경제학... 도대체 무슨 말인지 하나도 모르겠고 한자를 모르니 더더욱 읽을 수조차 없다. 예비고사 과목에 한자가 포함되어 있었지만 워낙 배점이 낮아서 포기했었다.

'공부엔 왕도가 없다더니...'

첫 수업에서 기가 질린 청년은 다시 또 도전의 삶을 시작한다. 아버지는 옥편을 사다 준다. 청년은 그런 아버지에게 잠시 친근감을 느끼면서 천자문부터 걸음마를 시작한다. 그러나 오직 실전 문제 풀이에 집중되어 있는 공부 방식에서 학문에 임하는 정석의 방법으로 갈아타는 일이 쉽지만은 않다. 주변에 대학생 친구나 선후배가 있어서 길 안내를 해 주는 것도 아니다. 주관식 문제 풀이가 익숙하지 않은 청년은 정확한 단어 구사와 맞춤법 등을 필체까지 교정해 가면서 집중적으로 공부한다. 하지만 이 또한 하루아침에 성과가 생기진 않았다.

'한 번도 주관식 문제 풀이를 해 보지 못한 게 치명적이다. 영어도 문제다. 맘대로 읽어만 봤지 누가 하는 걸 들어도 못 봤으니 내 영어를 누가 알아들을까... 성경도 바이블인지 비블인지 알 수가 없고...'

1982년 3월26일

작문을 campus의 봄을 주제로 해서 해 오고 이력서를 써 오라 했는데 도대체 1page도 제대로 써지지 않았다. 겨우 2page 채워 가지고 내고 이력서는 한글로 써냈다. 또 걱정이 생겨서 공부가 안 되곤 하였다. 내신 성적 반영이라는 것 때문에 성적이 나쁘면 아예 시험에 응시도 어렵게 되는 꼴 난다. 중학교, 고등학교는 그냥 시험으로 때웠으니 정서 교육은 메마르고 작문은 되지 않는다. 더구나 글씨도 엉망이니 학점이 제대로 나올 리가 만무다. 담당 교수에게 가서 상담도 좀 해 볼까 하다가 그냥 집으로 돌아오고 말았다.

'법 사상사 리포트를 써 오라는데 필체도 개발새발이니 그런 악필의 리포트를 어떤 교수가 읽을까... 사람도 의복이 날개인 것처럼 리포트도 글씨가 반듯해야 우선 먹고 들어가는 게 있을 텐데... 웃는 얼굴에 침 못 뱉는다고 반듯한 정자로 정성 들여 쓰는 리포트를 무작정 박정하게 대할까...'

청년은 미칠 것 같은 심정으로 학교를 다닌다. 아무리 열심히 하려고 해도 열심히 하기가 힘들다. 집엘 가도 공부방이 있는 것도 아니다. 장학생 이재명의 대학 생활 첫 번째 중간고사 전공과목 법학개론은 망쳐 버린다. 일기장에다 유감 가득한 소회를 길게 늘어놓는다.

1982년 4월 19일

오늘은 법학 시험 날이다. 꽤나 가슴이 두근거린다. 적당히 필기한 것 훑어보고 시험 보러 들어갔다. 처음 보는 주관식 시험인지라 떨렸다. 더구나 졸필인 데에다가 우둘투둘한 책상에서 받치지도 않고 쓰라고 했다. 글씨는 잘되지 않고 한문은 써야겠고 정말 미칠 지경이었다. 문제 내용은 모두 아는 것이지만 답안 작성하는 법을 몰라서 앞면에만 열심히 줄여서 썼다. 나중에 딴 사람에게 들으니까 뒷면에 쓰는 것이 좋다고 했다.

덤벙대는 성질 때문에 손해가 막심했다. 50분에 끝나는 줄 알고 시계를 보니 2분 밖에 안 남았다. 3문제를 써야 되는데, 할 수 없이 지렁이가 술 취한 글씨같이 써 놨다. 거기다 양도 대폭 줄였다. 다 쓰고 나서 생각해 보니 2시에 끝나는 것이다. 하지만 시간은 늦어 다시 쓸 수도 없고 해서 가만 앉았다가 그냥 내고 왔다. 법학 시험에서 매우 충격을 받아 가지고 공부할 마음이 생기지 않았다. 그만두는 생각도 해 보고 학원 다니는 생각도 해 봤지만 골치만 자꾸 아파졌다.

청년은 오리엔테이션에 참가하여 4학년에 행시에 합격한 선배의 강의를 들었다. 선배는 법학이란 무엇인가와 사법 시험 제도에 관해서 자세히 알려준다. 사법 시험 제도는 판사 검사 변호사를 배출하는 시험 제도라는 걸 알게 된다. 청년도 판사 검사 변호사가 상류 계층이라는 걸 안다. 재빠르게 셈이 된다.

"힘! 힘이다!"

시험만 통과하면 판검사가, 변호사가 될 수 있다는 것이다. 어느새 소년이 그토록 희구하던 힘의 인접지대에 청년이 되어 서 있는 것이다. 그러나 법을 공부하는 데에 그렇게 많은 다른 공부가 필요하다는 것이 성가시다. 그동안 공부를 해 보니 학문은 공장의 기능 익히기와는 차원이 달랐다. 중·고등학교의 공백이라는 미흡함이 대학 공부에 미치는 장애가 보통 큰 게 아니다. 청년은 비참하기까지 하다. 기초적인 이해부터 엉기기 일쑤다. 검정고시 출신을 서자 취급하는 풍토가 이해가 된다.

'중·고등학교는 한 인간이 종합적으로 성장하기 위한 토양이다. 형식이고 내용이며 지식이자 문화다. 하늘은 나에게 그 혜택을 내리지 않았다. 왜일까... 중·고등학교가 깨끗이 공백인데 무슨 재간을 피우겠노!'

청년은 고뇌하지만 달리 뾰족한 수가 없다. 연안부두에서 짠 바닷물 앞에 속절없이 허물어진 그날이 떠오른다. 학문 앞에서 더욱 철저히 겸허해지겠다고 자세를 수습한다. 시간이 파하고 나서 청년은 사법 시험 제도에 대해서 더욱 자세히 알아본다. 틀림이 없다. 판사 검사 변호사를 배출하는 시험 제도이다. 청년은 다시 수심이 깊어진다. 필경 이 길은 자신이 가야할 길이 맞기는 맞는 것 같은데 기초가 너무 부실한 것이다. 그래도 한 편으론 그동안 흘린 피와 땀이 헛되지 않았다는 것에 속에서는 커다란 동요가 일어난다. 어쩌다 보니 힘에 가까이 움직이고 있었던 게 아닌가. 청년은 눈을 감고 깊이 생각에 잠긴다.

'나의 삶은 발가벗고 쌩쌩 돌아가는 톱니바퀴 사이를 빠져나가는 묘기와 다름이 없었다. 내가 지나온 세계는 그토록 처참했다. 나는

사법 시험에 청춘을 걸겠다. 학과를 정해야 한다기에 제일 센 데를 찍었더니 정말로 세다!'

공돌이에 검정고시 출신 청년은 다시 또 청춘을 거는 항해를 시작한다. 불현듯 동마고무의 사고 때가 생각난다.

'내가 제일로 힘이 세지면 공장에다 공원들을 잘 대해 주는 법을 만들어서 꼭 지키게 하겠다. 그리고 이 법을 안 지키면 벌을 주는 법도 만들겠다. 사장도 공돌이들이 당하는 자유 탄압과 폭력에 대해 관심을 안 쓰니 벌을 받아야 한다'

"기계 값이 얼만데! 짜증나게시리..."
소년은 그 부조리한 비인간성에 절망했다.

청년은 일찌감치 사법고시에 패스하자고 스스로 굳세게 다짐한다. 검정고시 출신과 장애인이라는 두 가지 핸디캡으로 경쟁 사회로 나가서 밀리느니 오직 실력으로 승부를 내고 필요한 곳에 가서 헌신을 하자. 필요한 곳에서 제대로 일하는 것도 큰 애국이다.
'지금부터는 다시 또 초인의 도전이다. 나는 이상적인 해법을 찾기 위해 대학으로 파견된 수십만 노동자의 대리다'

청년은 푸른 뜻을 다시 세운다. 그 누구도 아닌 자기와의 약속을 이행하기 위해서이다. 그만큼 지나간 시절은 참혹하고 뼈아팠다. 아직도 절망의 늪에서 자살을 시도하고 있을지도 모르는 수많은 윤 씨를 떠올린다. 부모님도 떠올린다. 아직도 엄마는 상대원 시장 공동변소가 일터이고 아버지는 상대원시장의 쓰레기를 책임진다. 평생을 뼈 빠지게 일해도 나아질 수 없는 극빈의 이유는 무얼까. 임금이 너무 박해서? 버는 돈이 전부 사장한테 가서? 진정 이 문제는 해결이 불가능한 문제일까? 청년 이재명은 부자와 빈자의 삶이 극단적으로 차별되는 현실에 대해서도 깊이 생각한다. 수첩을 꺼내서 짧은 메모를 한다.

　'빈부격차에 대해서 경제 원리를 따지는 것은 학자들의 몫이다. 민생에 필요한 것은 현상에 대한 관찰과 해법이다. 그것은 경제 원리에 따라 벌어진 현상이 아니다. 부의 흐름과 분배에 부작용이 난 현상이다. 부작용은 부당한 외부 변수에 의해서 벌어지게 되는 것이며 결과는 부의 장악 혹은 부의 편중으로 드러난다. 여기서 외부 변수란 결탁이나 조작 혹은 편법이다. 부패라는 악덕이다'

　청년 법학도 이재명의 현재 수준의 논술은 여기까지다. 청년은 메모 하나를 수첩에 추가한다.

'싱싱하고 새파란 대학 1년차. 한스런 아동기와 처절한 사춘기를 걸어온 자, 한을 짊어진 부모를 두었고, 온 가족이 청소 관련 종사자라는 직업을 가진 기묘한 그룹의 똑똑한 핵심'

그리고 대학 생활 동안에 좀더 적극적 활동을 하되 순수 의지와 계획은 가슴속에만 묻어두기로 작정한다. 똑똑한 체를 하지 말 것이며 주변의 반감을 사지 않도록 처신하자고 다짐을 한다. 청년은 손자병법의 제3계를 수첩에 써 넣는다.

3계: 화광동진(和光同塵) 내 광채를 낮추고 세상의 눈높이에 맞춰라.
　　　권위주의, 영웅주의는 버려라.

한참을 들여다보다 2계를 추가한다.

2계: 난득호도(難得糊塗) 때로는 바보처럼 보여 상대의 허를 찾는다.
　　　매도 먹이를 채려고 할 때에는 움츠리며 나직이 난다.

청년은 메모 하나를 수첩에 더 추가한다.

'만천과해 제I계이다. 나에게는 노동자와 약자를 위하여 갈 길이 있다'

10

그 새는 신에게로 날아간다

"청룡이 지키는 연못도 있고 벚꽃 동산도 있고 잔디
도 단정한 우리 학교가 좋다."

청년은 '우리 학교'라고 말할 수 있다는 게 무척 만족스럽다. 벚꽃
피는 철에 교복을 입고 입학식에 참석하여 수많은 학우의 밝은 얼굴
과 부모님들의 세련된 용모를 보았다. 새삼스레 뿌듯해지면서 그 세
계의 일원이 되었다는 건 마치 선택된 사람인 것도 같아서 정말 흡
족했다. 게다가 월급까지 타는 장학생이라니 스스로 생각해도 대견
한 일이었다. 그중 무엇보다도 자기 이름을 떳떳하게 사용할 수 있
게 되어 가슴이 활짝 펴진다. 청년은 학우들과 노래도 부르고 토론

도 하며 밤늦도록 놀았다. 이런 게 진정한 삶이라고 생각했다. 낭만 가득한 교정에다 '나는 이재명이다'라고 소리 높여 외치고도 싶다. 공장 시절의 자유는 첫째, 남에게 쥐어 터지지 않는 것. 둘째, 배불리 먹는 것 셋째, 자유롭게 다니는 것이었다. 진정으로 청년은 자유를 실감한다. 삶의 무대가 바뀐 것이다.

청년은 연못 앞 잔디밭에 벌렁 드러눕는다. 편안하다. 아무도 뭐라는 사람이 없다. 보기 좋게 펼쳐진 파란 하늘을 음미하다가 스르르 눈이 감긴다. 고향 생각에 잠긴다. 벌써 아카시아 꽃은 뒷동산을 온통 뒤덮었을 것이다. 향이 짙고 싱그러워서 한없이 먹다 보면 어지러워지는 꽃. 청량한 연두색 꽃 뿌리엔 꿀샘이 있다. 쪽쪽 빨다가 앞니로 조곤조곤 씹다 보면 더욱 허기가 진다. 꽃송이를 통째로 씹는다. 조금 배가 부른 것 같기도 하다. 아카시아꽃, 찔레순, 솔순은 오월의 먹거리였다. 조금 더 기다리면 오디와 버찌도 애기 사과도 풍성하게 열릴 것이다. 그런 후 조금 더 지나면 밤, 대추, 산 사과, 똘배, 감도 산을 채울 것이다.

오월 들어서 캠퍼스 분위기가 바뀌면서 교정엔 사복 경찰이 깔린다. 가득 차 있던 낭만도 사라져간다. 주변에서 이런 저런 말이 들려온다. '군부 독재' '광주 학살' '진상 규명'… 여태껏 청년이 살아온 세계와는 사뭇 다른 멋진 교정이 으스스해진다. 일없이 자꾸 눈치를 보게 된다.

"아니 이 사람들이 TV도 안 봤나..."

청년은 늘 하듯이 도서관을 향한다. 오늘 따라 가시나무를 에워싼 철망이 더 이상해 보인다. 나무를 보호하려는 거라고 보기에는 철조망이 너무 높다. 그때 위쪽에서 격한 고성이 들려온다. 한 학생이 밧줄을 타고 도서관 유리창 밖으로 내려온다. 그는 공중에서 뭐라고 목 터지게 외치며 종잇장을 뿌린다. 곧바로 유리창이 깨지면서 전경이 나타나서 학생을 잡아챘다. 청년은 충격을 받는다. 이와 유사한 상황은 교정 곳곳에서 일어난다. 혼란스럽다. 이따금 들었던 광주에 대한 말이 사실인가 의문이 생긴다.

'진짜 내가 속았던 건가...'

며칠 후 청년은 한 학생이 나무 위에서 유인물을 뿌리며 외치는 모습을 또 보게 된다.

"전두환 물러가라!"

"군부 독재 타도하자!"

목에 핏대가 서도록 외치는 그 학생도 전경에 의해 피투성이가 되어 끌려간다. 이후 교정의 나무들 마다 하나 둘 철조망이 쳐진다. 그때서야 가시나무 철망이 나무를 보호하려던 게 아니었음을 깨닫는다. 교정엔 광주의 참상을 담은 유인물이 넘쳐난다. '광주 학살 진상 규명'을 목 터지게 외치며 울먹이는 학생도 쉽게 눈에 띈다. 그들은 영락없이 매를 맞고 피를 흘리며 잡혀간다. 청년은 아무리 생각해도 이해가 안 간다.

'저들은 왜 저토록 무모한 방법으로 뜻을 전하는 걸까...'

또 얼마의 시간이 지나간다. 청년은 여전히 공부에 치중하며 여행 계획을 세운다. 여름방학이 시작된다. 대학생으로서 첫 번째 맞는 방학이다. 친구 심정운은 서슴없이 도보 여행에 동행한다. 심정운은 공돌이부터 검정고시와 대학까지 함께하는 친구다. 그는 전기공학도이다. 그들은 열흘이나 걸린 도보 여행에서 잊지 못할 추억을 안고 돌아온다. 여행은 초기에 우연히 합류한 이재영이 있어서 셋이서 엮는 에피소드가 된다. 이재영은 자전거로 여행을 하던 중이었다. 사람이 셋인데 자전거는 하나뿐이니 아무도 타고 가진 못한다. 오직 끌고만 간다.

이들은 양구에서 인제로 넘어가는 비포장 고갯길을 달빛 따라서 한 여름에 넘었다. 가도 가도 끝없는 고개를 마을이 나타나기를 고대하며 밤새도록 걷다시피 했다. 탈진할 지경이 되어 졸면서 걷는 지경이 되자 비포장도로 한 가운데다 텐트를 쳤다. 그때까지도 자전거는 돌아가면서 끌고만 갔다. 아침이 되어 버스 경적 소리에 깨어서 주변을 보니 이들은 고대하던 마을 바로 아래에서 자고 있었다. 버스가 다니는 줄 알았다면 버스를 타고 넘었을지도 모른다.

"고개 하나만 넘으면 바로 거긴가 하지만 여전히 거듭되는 고개를 넘는 밤길, 어둠 속에서 진실 하나 발견하기가 얼마나 어려운 것인가."

1982년 6월 30일

'날이 어둑어둑해서 광치고개 아랫부분에 도착하니 올려다 보이는 곳이 까마득하구나. 아휴! 첫 번째 나오는 소리, 아이구! 두 번째 나오는 소리, 기타 등등 하여 한참을 올라가고 또 한참을 올라가니, 이제는 날이 완전히 어두워 밤새가 날아다니고 별이 총총이고 달은 반달이 조금 더 되어 희미하게 어두운 고갯길을 비쳐주고 있었다.

아랫 고개에서 출발할 때에는 날이 밝았는데, 막상 고개를 오르기 시작했더니 날은 어두워지고, 한 굽이 돌며 또 다른 그리고 더 높은 굽이가 나오고, 정말 미칠 정도로 답답하고 괜히 올라왔다는 생각과 또 재영이 녀석 때문에 괜히 고생한다는 생각, 또 한편으로는 내가 오를 길이 길 아래 아득히 보이고, 저 먼 산봉우리들이 점차 내 발밑에 죽어 엎드릴 때에는 사나이의 정상 정복의 기쁨을 느끼기도 하였다.

또 저 깊은 숲에서 금시라도 무엇이 튀어나올 것 같은 생각과 또 저 먼 곳에서 보이는 사람 모양의 판자 조각이 마치 사람이라도 되는 것처럼 가슴속이 마치 놀란 토끼 간처럼 뛰기도 하였다. 발바닥은 물집이 생겼는지 어쨌는지 쪼개는 듯이 아프고, 어깨는 마비 상태고, 고개는 제대로 돌아가지가 않으니 참으로 고개는 정상이 없는 듯하기도 했다. 나중에는 짐이 문제가 되지 않는, 즉 짐의 무게는 신경의 대상에서 제외된 듯이 발바닥 때문에 미칠 노릇이었다.

그런데 이제 점차 우리가 올라온 길이 저 달빛 아래 까마득히 보이고, 산봉우리 높이 안개가 걸리고, 저 앞에 보이는 마지막인 듯한 생각에 발걸음도 힘차게 걸었다. 그러나 또 다른 산봉우리, 정말 고역의 산행이었다. 이것도 또한 인생이다.

드디어 정상 부근에 도착하자 저 멀리 인제 쪽에서 안개가 자욱이 넘어오고 있었다. 정말 그 장관이란 어떻게 형용할 수가 없었다. 한 마디로 와! (중략) 하지만 거기서도 정상은 멀고멀었다. (중략)

정상에 도착하자 안개는 발밑에 깔려서 정상 낮은 부근으로 천천히 넘어오고 있었다.

우.....! 이렇게밖에는 표현하지 못했다. 이 세상의 어떤 형용사를 가져다 붙여도 그런 광경은 표현할 수 없을 것 같았다. 올라올 때에는 죽어라 고생을 했지만, 안개가 흐르는 방향으로 하산을 하려니 기분이 너무 좋아 한참을 노래를 부르며 고함도 질렀다. (중략)

산은 구름에 가려 제대로 앞에 산이 보이지 않았는데, 그때야 생각할 때 '과연 산이 구름에 가리지 않고 완전히 노출되어 모든 그 깊은 골짜기를 드러냈더라면 과연 지금까지의 그 긴 고갯길을 내려올 수 있었겠는가' 하는 생각이 들며 인생도 첩첩산중의, 즉 한 가지의 고난을 극복하면 또 한 가지의 고난이 밀려오는 苦海이지만, 인간은 그러한 새로운 고난이 밀려온다는 사실을 구름 덕분에 알지 못하고, 마치 이런 고난이 지나면 행복의 창이 활짝 열려 있는 것처럼 생각하고 희망에 산다는 생각이 들었다.

만약 인간이 그러한 고난의 앞날을 훤히 내다본다면 인간은 괴로움에 힘들어하다가 결국은 우울하고 지쳐운 나날을 보내게 될 것이 뻔하다. 여기서 인간은 한 목표를 설정하고 열심히 그 보이지 않는 구름에 가린 목적지를 향해 열심히 달릴 때, 그 과정 또한 커다란 의의를 줄 수 있는 것이며, 또한 그 목적지에 도착했을 때 느낄 수 있는 희열이란 매우 큰 것이다.

- 이재명의 <나의 소년공 다이어리> 중에서

애기는 거기서 끝나지 않는다. 광치고개를 버스를 타고 떠나서 원통에 도착, 장수대에서 잠을 자고 오색약수터로 걸어서 남대천 근처에 이르니 깊은 밤이었다. 어둠 속에서 물가로 내려가 쌀을 씻고 찌개도 끓여서 야참을 먹고 잠이 들었다. 설악산에서 내려오는 남대천의 물맛은 너무도 시원하고 좋아서 인상적이었다. 다음날 이들은 파리 떼 때문에 잠이 깬 후 시원한 물 한 모금 먹으려 다시 남대천에 내려갔다. 거기는 온갖 오물이 떠내려가고 있었다. 아침을 먹을 수 없었다. 청년은 원효대사 이야기가 떠올랐다. 진리의 상대성에 대해서 나름의 깨달음을 얻었다 할 이 여행은 여기가 끝은 아니다.

청년은 두꺼비 소년에서도 빠져나왔고 우물 안 개구리의 껍질도 벗어던졌다. 이 여행 말고도 닥치는 대로 성남 곳곳을 구석구석 걸어서 뒤져본 이 여름, 청년에게 길은 항상 새로운 세계를 여는 문이었다. 그리고 그 문은 항상 열릴 준비가 끝난 채로 누군가를 기다리고 있었다.

여름 방학 내내 청년은 여행과 공부를 병행하며 내면을 살찌워 갔다. 독서도 날 잡아서 몇 권씩 전격적으로 파고들었다. 중·고등 학교생활이 공백인 데에서 비롯되는 부족함이 있어서는 안 된다고 생각한 것이다. 가장 좋은 방법이 독서와 여행 그리고 운동과 스터디였다. 청년은 유감없는 대학 1년을 보냈다. 악착같은 공부 덕에 이미 서서히 그 끈기와 열성은 실력으로 드러났다. 아울러 그의 오기와 카리스마도 소소하게는 이미 인정을 받아가고 있었다.

사법고시 준비 체제로 일정을 짜서 겨울방학의 시동을 건다. 따라서 여름방학처럼 무리한 외유는 삼가 한다. 그러면서 2학년의 봄이 시작된다.

"너 공장에 다녔다고 했지?"

법대 동기 이영진이다. 운동권 학생들은 신입생이 들어오면 신상 조사를 한다고 한다. 그는 그동안 궁금하던 것과 또 여러 가지를 묻는다. 이영진은 낱낱이 답을 해 주면서 광주사태의 진상을 담은 사진첩과 비디오까지 보여준다. 그때 비로소 왜 운동권 학생들이 피를 흘리고 체포되면서까지 정권 타도를 외치며 진상을 규명하려는지 이해하게 된다. 피가 뜨거워진다. 그가 알고 있던 것과 이영진에게 알게 된 광주 실상은 정반대였다. 경주에서 얼음에, 연안부두에서 바닷물의 짠맛에 허물어지던 관념과는 또 다른 붕괴가 일어난다.

'얼마를 더 놀라야 하나... 신문과 방송을 믿을 수 없는 세계다? 우리의 세계가? 폭도 정부와 그 모두가 한통속이다?'

불현듯 정의감이 솟구친다. 광주사태가 일어나던 이 년 전, 소년 이재명은 광주학생과 광주시민을 '전라도 것들'로 치부하면서 '폭도' '빨갱이' '전라도 새끼들은 죽여야 한다' 등 마구 쌍욕을 했다. 그렇게 욕을 할수록 그들보다는 우월한 경상도민이 되는 것 같았다. 말할 수 없이 부끄럽고 죄스럽다. 민주 항쟁을 하다가 아까운 목숨을 잃은 열사들에게 어떻게 속죄를 해야 할지 먹먹하기만 하다.

'국민을 향해 총을 쏘아대고 양민을 폭도로 몰아붙인 정권과 그 하수인이 되어 놀아난 언론을 용서할 수 없다. 이들은 잘못을 가리기 위해서 진실을 덮고 가증스런 시나리오를 만들어 온 국민을 속였다. 이렇게 깨끗이 속을 수도 있다니...'

청년 이재명은 선량한 시민에게 총칼을 들이댄 포악한 정권과 독재의 하수인이 되어 버린 언론에 분노하며 의분에 떤다.

'힘! 힘이 문제다. 노동판도 크게 잘못 되었지만 이 나라는 근본적으로 문제가 크다. 나는 언제쯤이나 우물 안 개구리를 벗어나서 힘을 갖추게 될까...'

이영진은 그를 운동권에 끌어들이기 위해서 애를 쓴다. 그러나 그는 응할 수 없다. 정의와 민주보다 생존이 우선이라는 걸 성장 과정을 통해서 처절하게 깨달아 온 그다. 그는 끓는 피를 진정시키며 이영진에게 진정어린 말을 한다.

"친구! 그대는 밥을 굶어 본 적이 있는가? 며칠 만에 찐 감자 세 알쯤 먹고서 다음 끼니가 언제일지 예측 못하는 삶을 살아 본 적이 있는가? 나는 그렇게 살아왔고, 살아남기 위해서 줄타기를 하는 소년공들 틈에서 매를 맞아가며 밥을 벌었네. 우리는 바로 등 뒤에 죽음을 놓고 미싱을 돌렸고 프레스를 탔네. 부모가 있어도 철저하게 무력했고, 의지할 스승은 아예 없었네. 덕분에 애틋한 청소년기 전체가 날아갔고 장애를 얻었지. 그러나 나는 배움의 힘을 믿네. 목숨 걸고 공부해서 이 자리까지 왔고, 지금은 소년공들의 자발적 대리자로서 더 힘을 갖춰야 하네. 이 시기를 놓치고 민주화운동을 하다가 감옥에 간다 한들 거기서 내가 구할 게 무엇이겠나? 이 나라는 아주 큰 힘이 필요한 상태네. 거대 악에 맞설 거대한 힘이 아니고는 자네들의 민주화운동은 한낱 모닥불처럼 피다 말고 꺼지기 십상일 걸세. 지금은 나를 대신해서 그대가 뛰어 주게. 그리고 부디 그 불씨를 지켜 주기 바라네. 나는 힘을 갖추어 기필코 제도권에 진출하겠네. 거기서 그대들의 진정한 힘이 되겠네."

이영진은 그의 말을 진지하게 들어준다. 그는 이영진의 큰 이해를 얻어내면서 운동권의 필독서 몇 권을 추천 받아 틈틈이 사회과학 서적들을 탐독한다.

1983년이 되면서 학원민주화 활동을 통해 총학생회가 등장했고, 전두환 군사독재의 유화조치로 전경도 공식적으로는 물러난다. 그리고 학자추(학원자율화추진위원회) 활동이 일상이 된다. 청년 이재명은 이제 2학년이 된다.

해마다 5월은 광주의 달이다. 연일 여기저기에서 광주사태에 관한 진상 규명을 촉구하고 군사독재를 타도하는 시위가 일어난다. ROTC들이 학생 시위를 진압하다 보니 시위대와 법대가 폭력적으로 맞붙는다. 청년 이재명은 그 가운데에서 구호를 외친다. 광주에게 보내는 사죄의 소리이자 양심의 소리이고 속죄의 행위이다.

이재명에게 행동 없는 신념은 신념이 아니다. 알고도 행하지 않는 것은 앎이 아니다. 바야흐로 청년 이재명은 스스로 한 세계를 파괴하고 있는 것이다.

"새는 알을 깨고 나온다. 태어나려는 생명은 한 세계를 파괴한다.

그 새는 신에게로 날아간다. 그 신의 이름은 아프락사스이다."

- 헤르만 헤세의 <데미안> 중에서

2부
알바트로스 (신천옹)

/

/

11

황조롱이가 아니라 신천옹

      소년 이재명이 책을 통째로 외워 버린 공부법은 유효했다. 통째로 다 외운 이유는 공부 방법을 몰랐기 때문이다. 문제 풀이는 공부의 핵심을 파악하게 해 주었고, 틀린 문제는 반드시 바로잡아서 복습했다. 소년 이재명은 절박하게 그 작업을 반복했다. 그러자 두뇌는 새로운 공부법을 작동시켰다. 시간 단축의 필요성을 두뇌가 스스로 깨달은 것 같았다.

  두뇌는 책 속의 글과 그림 일체를 사진 찍기 시작했다. 한 페이지를 촬영할 때마다 머릿속에서 찰칵 소리가 나는 듯했다. 그거였다. 정신통일 상태에서 페이지를 노려보고 하나 두울 세엣 네엣 찰칵!

페이지 넘기고 하나 두울 세엣 네엣 찰칵! 찍힌 사진들은 지남철처럼 스스로 자기 방을 찾아서 착착 들러붙었다. 유사한 내용끼리 뭉쳐서 그 지식 범위에서 계통을 구성한다는 뜻이다. 그렇지만 새로운 지식은 쉽게 떨어져 나가기도 했다. 그때 필요한 게 휴식이었다. 두뇌를 혹사한 후 약간이라도 휴식이 끼어 있지 않으면 암기의 효율이 떨어졌다. 새로운 지식이 과거 지식에 완전히 합류될 시간이 필요한 거라고나 할까? 공부로 몰아의 경지가 될 때 저절로 가동되는 두뇌의 시스템으로 보였다.

고난의 역사 속에 옥이 들어있다는 것은 사실이다. 청년 이재명은 지금 또 사진 찍기를 전력 구동하며 학문에 올인한다. 공부하는 내용은 이해하려고 애쓰지 않아도 된다. 두뇌가 스스로 이해해 버린다. 다만 집중력이 최강으로 필요한 그 공부법에는 많은 에너지가 필요하다. 그렇다 해도 고단백을 섭취할 형편은 못되므로 대신에 과일을 가끔씩 먹는다. 쓰레기 청소를 하다가 아버지가 주워 오는 썩은 과일 덕분이다. 지금도 여전히 아버지는 쓰레기 청소를 하다가 썩은 과일을 주워온다. 어머니는 거절하다가 아버지가 화를 내면 마지못해 받는다.

어머니가 버는 돈은 생활비로 다 쓰인다. 그래도 조그마한 쌈짓돈은 있을 터라서 가끔은 멀쩡한 과일을 사다가 청년에게 건넨다.

아동기에도 아주 가끔 멀쩡한 과일을 먹어 보았다. 그건 어머니가 무척 큰 힘을 써야만 가능했다.

요즘에는 월 십만 원씩 어머니에게 보조를 한다. 5만 원은 4학년 때의 학비를 위해서 저금을 한다. 장학금이 3년만 혜택이기 때문이다. 나머지 5만 원으로 개인 살림을 사는데 일부가 재선 형의 학원비로 나간다. 재선 형은 중장비를 그만둘 용기를 못 내고 있었다. 청년은 형을 납득시켜서 중장비를 그만두게 했다.

"형, 1년만 죽기 살기로 해 봐. 내가 학원비를 댈게."

형은 죽기 살기로 공부 중이다. 머리가 좋으니 잘해 낼 거라고 믿는다.

운동권 선후배들은 책을 돌려보고 스터디를 하고 토론을 한다. 누군가는 가리방(등사판)을 긁어서 유인물을 만들고, 누군가는 유인물을 뿌리다가 두드려 맞으면서 잡혀간다.

청년은 광주 희생자에게 부채의식을 가지고 있는 데에다 운동권에서 핵심으로 뛰어 주지 못하는 것이 미안하다. 그러나 운동권에서 활동을 하는 것으로서 부채를 탕감받을 생각은 없다. 그보다는 책임 소재를 가릴 힘과 죄를 물을 힘을 기르는 게 현명하다고 생각한다. 그 때문에 공부에 매진한다. 힘을 기르기 위해서다. 청년이 정말 간절히 바라는 것은 열심히 일하면 땀 흘린 만큼 잘사는 세상이다. 적어도 먹고사는 문제로 삶을 포기하는 일이 없는 세상이다.

"사람이 사람으로 대접받고, 반칙과 특권 없이도 성공할 수 있어야 공정한 세상이다. 어째서 부자에게 돈 쓰는 건 투자라고 말하고 빈자에게 돈 쓰는 건 비용이라고 말할까? 그게 불평등이다. 가난한 사람들에겐 일자리와 기회를 주어야 한다. 패기 있는 자는 거기서부터 출발할 것이다. 그때 기본권을 지켜주면서 필요한 지원을 아끼지 않으면 된다. 그게 정치다."

청년 이재명이 겪어 본 부자들은 공돌이의 목숨을 한낱 소모품으로 삼았다. 손가락이 짓이겨서 피떡이 되어도, 팔이 구부러지고 코한쪽이 못 쓰게 되어도 사람의 목숨값은 기계 값에도 못 미쳤다. 기술공 한 명이 불구가 되면 다른 기계공으로 교체하면 그만이었다. 청년 이재명도 손목이 으스러졌을 때 병원 치료를 받은 즉시 공장으로 복귀했다. 붕대를 감은 채 한 손으로 시다 일을 하던 13세 소년은 뼈를 깎는 고통을 내내 참았다. 그랬어도 재해보상은커녕 단 하루의 병가도 휴가도 없었다. 공장 사장들은 그토록 모두 썩은 사과였다. 벌을 주어야 할 그들을 오히려 지원하는 세력은 누구이며 왜일까? 청년 이재명은 세상의 불의함을 참을 수가 없다.

"정권은 주기적으로 바뀌는데 기득권은 존속되더라? 기득권과 권력의 공생관계다? 그 카르텔이 대물림해 가며 민중의 권익을 침탈

해 왔다? 그래? 그럼 그 구조가 바뀐다면?"

청년은 역사 속에서 답을 찾고자 했다. 그러자면 인식 능력을 벼려야 했고 그러려면 사실을 알아야 했다. 광주에 대해서도 몇 년을 잘못 알아왔던가. 작년 여름방학 때 청년은 〈해방 전후사의 인식〉 시리즈를 깡그리 다 읽었다. 정신이 번쩍 들었다. 조정래의 〈태백산맥〉은 작년에도 올해도 새로 읽는 듯 보고 또 본다.

'역사의 주체는 민중이다. 정치는 국민 다수의 의결된 요망에 부응하여 집행되어야 하며 정치인은 국민의 공복임을 재인식하여 통렬한 반성을 해야 한다. 왜 세를 불려서 주인인 민중의 피를 빨고 뼈를 깎는가. 도대체! 시민을 향해서 총을 겨누다니! 칼로써 도륙을 하다니! 대통령이란 한낱 머슴에 불과하거늘. 권력을 남용하는 썩은 사과들을 해체하고 올바른 일꾼들을 제대로 세워야 한다. 이런 인식 계몽은 과연 누가 할 것인가?'

"법학과를 선택한 건 잘한 일이야."

제일 센 데로 찍었을 뿐인데 잘 찍었다는 생각이 든다. 청년은 결의에 찬 표정으로 바뀐다. 떡진 머리에 매의 눈. 사철 교련복에 흰 고무신. 불의에 항거할 이 청년을 말릴 사람은 없다. 사선을 뚫고 여기까지 왔는데 무엇이 두려울 것인가.

"해야 한다는 견지에선 목숨 걸고 하면 된다. 해야 할 일이라면 반드시 한다. 원래가 목숨 여럿 날아가지 않고서 세워진 세상은 없다. 나? 이재명이다. 한다면 한다."

가을 날씨가 스산하다. 교정에 낙엽이 이리저리 쓸리면서 낡은 버버리의 깃을 올리게 한다. 청년은 모든 게 단벌이다. 교복도 교련복도 그리고 고무신도. 하나씩이라도 있으니 좋다. 어릴 때에는 홑바지가 발목을 내보여도 그 먼 학교를 깡으로 다니며 혹한을 견뎠다. 굶기를 밥 먹듯 했지만 지금은 굶지는 않으니 좋다.

"나는 참 운 좋은 사람이다. 고입검정고시는 영어 알파벳도 모르는데 '다'만 찍어서 과락을 면하고, 대입검정고시는 제일 약한 음악 미술이 선택과목으로 되고, 대입 본고사 폐지는 고액의 생활보조금까지 받아가며 대학을 다니게끔 만들어 주고... 게다가 제일 센 학과를 찍었더니 내게 꼭 필요한 학과이고. 아무래도 하늘이 내 편인가? 그럼 혹독했던 어린 시절은? 참말로 거 참 이상한 일이다. 혹시... 하나님이 극기훈련을 시키신 건가... 그렇다면 왜?"

청년은 이번 겨울 방학을 기해서 절간 공부를 하러 간다. 사법시험 준비를 적극적으로 하기 위해서다. 장소는 구례 화엄사 금정암이고 친구 두 명과 함께 총 세 명이 뭉친다. 졸업 전엔 시험에 패스해야 한다. 떨어지면 군대 문제를 피할 수가 없게 된다. 군대 문제를 피하려면 억지로라도 대학원엘 가야 한다. 그런데 대학원 학비는 없다. 그래서 졸업 전에는 꼭 합격을 해야 하는 것이다.

"어쨌거나 나는 운이 좋은 사람이다. 사람은 살기 위해서 태어난 거고, 길은 가라고 생긴 길이다. 나는 내 앞에 놓인 길을 걸어왔다. 그러나 따지고 보면 그 길은 내가 만든 길이다. 누구라도 자기가 갈 길은 스스로 내야 한다. 뜻이 있으면 길이 있다? 아니다! 뜻이 있는 사람이 자기 앞에 길을 내면서 걸어간 거다. 그렇다면 인생이란?"

청년은 태어났기 때문에 사는 게 아니라 살기 위해서 태어난 거라고 정한다. 길 또한 놓여 있어서 가는 게 아니라 가고자 하기에 길을 내는 거라고 정한다.

청년의 논법을 따르면, 어떻게 살 것인가가 출생 이전부터 정해 있어야만 한다. 당연히 목적도 있어야만 한다. 그리고 길의 논법을 따르자면, 가고자 하는 길도 스스로 만들어야 한다는 것이다. 그렇다면 이제부터 청년은 왜 태어났는가에 관한 이유도 해법도 스스로 찾아야만 할 것이다. '왜 태어났나'라는 의문은 '나는 누구인가?'라는 의문과 함께 고래로 수많은 초인의 중점적 의문이다.

청년은 아직도 늦가을 교정을 이리저리 배회하다 청룡탕이 멀찌감치 바라보이는 큰 나무에 기대어 서 있다. 양손은 버버리 주머니에 깊숙이 꽂고 다리는 꼬고 있다. 어두운 저녁에 하얀 고무신이 희끄무레하게 눈에 들어온다. 아무 생각 없이 머릿속을 털고 눈을 감는다. 마음속에는 굵직한 말들이 있다.

모두가 청년의 의식 성장에 비견하는 의미들이다. 그건 마치 청년의 지향을 제시하는 표지판과도 같아 보인다.

인권, 노동권, 기본권, 평등, 공정, 민중, 역사, 법, 이재명, 한다면 한다.

청년의 추상 속에서 그 말들은 조롱이들의 먹이다. 꿈의 기억을 더듬어서 이미지를 만들어본다. 조롱이들은 날갯짓하면서 마치 금시라도 날아오를 듯한 시늉을 한다. 마침 조롱이 한 마리가 푸드덕하고 잠깐 떴다가 이내 내려앉는다. 일순 어떤 생각이 가슴을 파고든다.

"예리함이나 신속함이나 정확성 여유로움 등은 나의 내면이 확장되지 않고서는 공익적으로 쓰일 수 없는 힘들이다. 마음을 넓히는 빠른 길이 있을까? 그것은 타고나는 것일까?"

조롱이들이 다시 또 날아보지만 날개를 제대로 펼치질 못한다. 푸드덕거릴 때마다 예술적으로 정렬된 깃털이 반투명으로 빛난다. 전체적으로 붉은 갈색인데 무늬가 예술이다. '여유'는 암놈인데도 날

카롭고 용맹스러워 보인다. 수놈들은 오히려 붉은 기운이 덜한 고목 나무색이다. 머리와 깃털 윤곽은 청회색으로 높은 기상이 돋보인다. 몸통의 무늬는 암놈이 훨씬 진하고 정교하다. 밑에서 보면 배는 전체적으로 흰색에 가깝다. 거기에 비교적 일률적인 청회색 점박이 무늬가 수놈은 세로로, 암놈은 가로로 박혀 있다. 가까이에서 보면 정말 예술적이다. 무엇보다도 황조롱이의 생명은 눈과 부리와 발톱이다. 발톱은 손아귀의 힘에 따라 정말 강력한 무기가 된다. 공중에서 날개를 접고 맹속으로 급강하하면 까치나 멧비둘기는 일단 기가 질리면서 황조롱이가 덮치는 체중에 타격을 받는다. 무게에 속도가 곱해졌으니 거의 교통사고급이다. 그와 동시에 억센 손아귀로 목을 누르면 일단 상황 종료다. 청년 생각엔 그때 황조롱이의 날카로운 발톱이 사냥감의 피부를 파고들 것 같은데 확인한 적은 없다.

청년에게는 어찌해야 마음방을 넓힐지 고민이 추가된다. 할아버지 나무는 아프락사스를 외쳤는데 뜻을 알아낼 길은 없고 오직 할아버지가 나타나기만을 기다린다. 그러는 뇌리 한편으로 마음의 방을 확장할 궁리를 하면서 겨울 방학이 닥친다.

"마당조차 비질을 한 듯 낙엽 하나 헛되이 구르지 않는 단정한 절집이 구례암이다. 마음도 두뇌도 저절로 침묵시키는 이 기류는 무얼까? 헐벗은 나무들이 삭풍에 떤다. 더워도 추워도 불평하지 않는 저 나무는 얼마나 내공이 깊기에... 나는 고향의 산에서 나무의 덕을 진정 크게 보면서 살았는데 정작 나무에게 해 준 바는 하나도 없구나."

사법시험 희망 팀 3인은 우선 대법당으로 들어가서 예를 올린다. 청년은 절집 예법을 모르니 그저 명절처럼 세 번 절을 한다. 어떤 염원을 세우지도 않는다. 누구에게도 기대어 본 바가 없으니 낯선 일이다.

'으아... 저 흉악한 악신 같은 상들은 죄다 뭐고?'

청년은 사천왕상을 보고 기가 질린다. 함께 간 학우에게 낮은 소리로 묻는다.

"저게 죄다 뭐고? 어이 저레 무섭게 생겼노? 흉하다! 어디 숨이나 쉬겠나?"

"그냥 마귀를 때려잡는 신이라고 생각해 둬라. 불법을 지키는 수호신이다."

"부처님은 자비롭다 하는데 어쩨 보좌관들은 저토록 흉칙하나?"

"원래가 귀신들의 왕이었다. 그런데 부처님의 법문에 감복해선지 불교에 귀의해서 불법을 수호한다 하더라. 공부 좀 해라 자슥아..."

"내가 뭐라 공부를 하겠노? 불자도 아이고. 우야튼간 죄는 지으면 안 되겠다. 힘으론 대적이 안 되겠다. 배짱으로도 그렇고. 겁난다. 이건 뭐 죽기 기를 쓰고 덤빌 이유도 없다. 목숨쯤이야 그냥 바로 접수할 거 아이가!"

"맞다! 옳다 이놈 잘 왔다! 그럼 그냥 끝 아니겠나!"

둘은 조그맣게 키들키들 웃는다.

젊은 스님의 안내에 따라 요사채를 배정받고 청년은 당일부터 공부에 돌입한다. 두 달 기한 짓고 찾아든 절집이다. 시간을 잘 쓰는 데 따라서 인생의 성패가 갈린다고 믿는 청년은 우선 정신통일부터 한다.

'세상살이에서 어떤 일을 하든 같은 일을 만 번을 반복하면 도가 통한다고 하더라. 또 한 가지에 십 년을 종사하면 도가 통한다고 하더라. 내 공부는 지금 몇 해째인가? 휴... 그런 식으로 치면 나는 아직 햇병아리네...'

청년은 당초 계획대로 밀고 나가기로 한다. 우선 헌법 민법 형법 기본서를 완벽히 외워 버리는 것과 문제지 풀이를 병행하는 것으로 설정한 다음 몰입한다. 수험은 경쟁자들을 제치고 대열을 돌파해서 우뚝 서는 일이다. 그러기 위해서 매 순간 나를 죽이는 과정이다. 법전만 다독한다고 문제 푸는 테크닉까지 개발되는 건 아니다. 문제풀이를 통해서 함정의 패턴과, 자주 실수하는 자리를 알 수 있으니 유용하다. 또 경험으로 미루어 보아도 달달 암기한 내용은 문제풀이를 통해서 더욱 확실하게 이해되었다.

청년은 기본서를 읽어나가는 진도에 따라서 걸맞은 문제를 함께 풀어가며 완벽하게 몰두한다. 검정고시 과정에서 책상 가장자리에 압핀을 거꾸로 뿌려두며 공부하던 때가 생각나자 이어서 경허선사가 떠오른다.

'경허선사가 용맹정진할 때 조실 방 창문 밑으로 주먹밥이 들어올 만큼의 구멍만 뚫어놓고 방문을 폐쇄할 것을 명했다고 한다. 그때 한 손엔 칼을 쥐고, 목 밑에는 송곳을 꽂은 널빤지를 놓아 졸음과 싸우며 공부했다고 한다. 나 검정고시 때 압핀은 조족지혈이네. 나는 막무가내로 잠들어서 압핀을 얼굴에 꽂고 팔뚝에 꽂고... 내가 경허선사처럼 해놓고 공부했다면 지금 이 자리에 없다. 황천에서 눈물이나 짓고 있을 거다'

청년은 가끔씩 일부러 경허선사를 떠올린다. 정말 졸릴 때에는 경허선사처럼 해 볼까 하는 유혹이 들기도 한다. 어쨌든 청년은 대단한 효율을 내고 있다. 시간이란 확실히 주관적 관념이라는 체험을 또다시 한다. 열 시간에 할 일을 한 시간에도 해치울 수 있다는 신비랄까 기적이랄까. 결국 청년은 단 이 개월 만에 거의 이년 분량의 학습량을 독파한다. 체중은 내려가고 얼굴은 더더욱 맑아진다. 원래도 흰 피부에 광채가 돈다. 청년은 밖으로 나선다. 잠시 찬바람을 쐬면 어떤 쇄신이 일어날 것 같다.

"여기에는 참 돌이 많네."

곳곳마다 자연석으로 경계를 지어 언덕도 둔덕도 멋지게 돋보인다. 아예 큰 돌들만으로 예술적 공간이 만들어진 곳도 보인다.

'자연 지형을 훼손치 않으면서도 정갈하고 아름답게 조성한 그 마음도 불심이리라...'

청년은 석등 앞에 이르러 처음 보는 노스님과 마주친다. 합장하며 예를 올린다. 노스님은 뜻하지 않게 아는 사람을 만나기라도 한 듯 어리둥절한 표정을 짓는다. 청년은 그 표정을 의아하게 생각하며 다시 인사를 한다.

"스님 안녕하세요? 저는 공부하러 와서 묶고 있는 학생입니다."

"처사님 안광이 지배를 뚫겠습니다. 껄껄껄..."

이제는 청년이 스님과는 다른 의미로 어리둥절한 표정이 되면서 제 손으로 제 뒤통수를 어루만진다.

"스님 제가 문자 속이 짧아서... 천하게 부대끼며 살아온 놈이다 보니... 가르쳐 주십시오."

"하하... 문자랄 게 있습니까. 그저 내려오는 말이지요. 눈빛이 예리하다는 겁니다. 그러시다가 종잇장이 뚫어지겠습니다. 눈빛이 예리하면 이해가 출중한 법이지요..."

도무지 이해는 안 가지만 '예리'는 막내 조롱이 이름이라고 생각하는 청년, 조롱이 방 확장공사를 해야 한다는 생각이 다시 든다.

　　'불교는 마음공부를 하는 종교라던데 혹시...'

　　"스님! 저는 황조롱이를 키우고 있습니다."

　　스님은 흥미롭다는 표정이 되어 눈썹이 위로 치켜진다.

　　"그래요? 여기도 데려왔습니까?"

　　"예."

　　"황조롱이가 싸움꾼이지요! 처사님도 싸움꾼으로 보입니다! 껄껄껄... 소승에게도 그 황조롱이를 보여줄 수 있겠습니까?"

　　"그게... 좀..."

　　"어렵습니까? 사람한테 마음을 잘 안 풀 텐데요. 그놈이 워낙 독불장군이라서..."

　　"스님! 마음은 어떻게 넓힐 수 있나요?"

　　"하, 하. 핫 처사님, 참 재미있으십니다. 마음의 방을 넓히고 싶습니까?"

　　청년은 쩔쩔매면서 자꾸 뒤통수만 벅벅 긁는다. 발로는 마당에 자꾸 뭐라고 글씨만 쓴다. 하얀 고무신이 낡았다.

　　"예. 넓혀야 할 일이 있어서... 실은 황조롱이들이 거기 살아서요."

청년은 뒤통수를 맹렬하게 벅벅 긁다가 두 손으로 마른세수를 한다. 어쩔 줄 모르겠다는 태가 역력하다.

"아하! 소승이 어리석은지라 못 알아챘습니다. 황조롱이가 창공을 날아다니든 숲을 누비든 해야지 어찌 마음 방에 있게 됐습니까!"

청년은 아예 주저앉고 싶다. 도무지 설명할 길이 없다. 아예 설명을 포기해 버린다. 잠시 침묵이 흐른다.

"처사님!"

"예."

"법을 따라가십시오."

"엇! 제가 법학도입니닷!"

스님은 박장대소를 한다. 고개까지 뒤로 젖히고 큰 소리로 웃어댄다. 그러더니 갑자기 두 손을 모으고 깊이 절을 한다.

"처사님 깊이 감사드립니다. 오랜만에 이렇게 웃어 보았습니다."

청년은 머쓱해 하며 순진하게 묻는다.

"사법시험에 합격하면 되겠습니까? 그러면 마음 방이..."

"처사님! '그 법'과 '이 법'은 같기도 하고 다르기도 합니다. 그러나 우선은 '그 법'을 따라가세요. 그리고... 처사님은 황조롱이가 아닙니다. 하지만 법을 따라가다

보면 진짜 황조롱이가 나타날 거예요. 먼저는 황조롱이의 뜻을 따

르세요. 하지만 황조롱이는 멀리 날 수가 없어요. 황조롱이는 때가 되면 스스로 떠날 거예요. 사람들의 염원을 뭉치지 못했기 때문입니다"

청년은 얼이 빠져서 턱이 툭 떨어진다. 입이 헤 벌어지고 눈은 멍하다.

"처사님은 '신천옹(信天翁)'입니다. 처사님은 높이 올라서 멀리 가십시오. 어린 시절의 고난은 크고 무섭습니다. 쉽게 벼랑으로 떨어지거나 뱀상어의 먹이가 되기도 합니다. 날지도 못하는 새가 날아보기 때문이지요. 하지만 그 도전을 안 해서는 안 됩니다. 하다가 죽더라도 살아남으려면 계속 도전을 해야 해요. 그렇게 해서 어깨에 힘을 기르고 겨드랑이의 탁기를 털어 내야 합니다.

대왕 신천옹은 하늘에서 내리고 키웁니다. 수업이 무섭지요. 그래도 절대로 죽지 않습니다. 하늘에서 보호하고 있어서 그래요. 어떤 역경도 극복해 냅니다. 그렇다면 일부러라도 험난한 수업을 받아야 합니다. 그렇게 날개의 힘을 기르고 지략을 넓혀야 한 번 날면 작은 힘만으로도 웅장한 비행을 할 수 있어요. 상승기류를 사용할 지혜를 익혔기 때문이지요. 마찬가지로 하늘이 의도한 존재에게는 무서운 시련이 내려옵니다. 대신에 거기서 살아내면 그때부터 그 존재는 하늘의 도구가 됩니다. 하늘의 머슴이 되는 거지요.

하늘은 허공입니다. 허공은 선하지도 악하지도 않아요. 세상일을 선악으로 나누어선 안 되는 이유가 거기 있습니다. 허공은 사람들의 염원이 새겨지기만 하는 곳입니다. 허공이 파란색이라면 사람들의 뜻이 파랗기 때문이에요. 허공이 세모 모양이라면 사람들의 뜻이 세모이기 때문이지요. 그런 게 민심이라는 겁니다.

사람들은 누군가를 기다려 왔습니다. 오늘일까 내일일까 하면서도 지금이 아니라면 그 누군가가 어디에선가 하늘의 수업을 혹독하게 받고 있기를 요망했어요. 그래야 장래에 사람들의 뜻을 이룩할 힘을 갖출 테니까요. 처사님에게 크나큰 시련이 있었다면 그건 사람들의 뜻이었음을 알아채십시오.

시련을 겪어 냈다면 기뻐하세요. 사람들이 처사님을 머슴으로 쓰게 될 것입니다. 그때에는 사람들의 뜻에 의한 일들이 펼쳐지게 됩니다. 그런 흐름을 자연이라고 하지요. 그리고 자연은 곧 법입니다. 마음 방은 그러한 이치를 따르다 보면 저절로 넓혀집니다. 그게 '그 법'과 '이 법'은 다르다 한 '이 법'의 이야기입니다. 허나 우선은 그 법을 따르세요. 그러다 보면 이 법에 속하게 됩니다. 대신에 매 순간 자신을 죽여야 합니다. 철저하게 죽이세요. '나'가 없어지면 '새 세상'이 열립니다. 새 세상을 펼치고 멀리까지 이끌어갈 존재가 신천옹입니다.

신천옹은 어느 쪽으로도 치우치지 않습니다. '나'는 사라지고 하늘과 연결되었기 때문이에요. 그럼으로써 신천옹은 사람들까지 아프락사스에게 인도합니다. 아프락사스는 하늘이자 신이고 인간입니다. 그러나 모든 인간이 다 아프락사스는 아니에요. 자신을 철저하게 죽이고 이상이 깨끗이 소멸된 초월적 인간만이 아프락사스입니다. 그러나 그 또한 아프락사스가 아니에요. 아프락사스는 때이자 곳이기 때문이지요. 우주 오만 곳곳에 존재하며 과거이자 현재이고 미래이기도 한 '지금' 바로 '그것'이 아프락사스입니다. 그 무엇이기도 하고 아무것도 아니기도 한 '그것', 아무것도 안 하고 있으나 그 어떤 일도 해낼 수 있는 '그것', 그것이 아프락사스입니다. 그러므로 아프락사스에게 비행을 해서 갈 수는 없어요. 아프락사스는 형상이나 개념이 아니라서 그렇지요. 바로 '이 자리'가 아프락사스이고 바로 '그것'이 아프락사스이기에 그래요. 우리가 천국을 갈 수는 없으나 이 자리가 천국이게 할 수는 있는 이치와 동일한 이야기입니다.

처사님은 그 연유로 지상에 내려온 하늘의 머슴입니다. 아울러 하늘은 사람들의 뜻이니 사람들의 머슴입니다. 잊지 마세요. 처사님은 신천옹입니다."

청년은 소스라치게 놀라며 꿈에서 깨어난다.

"앗! 할아버지 나무다!"

깨어난 그 자리에서 청년은 호흡도 정지시킨다. 조금이라도 동요하면 꿈을 다 까먹을지도 몰라서이다. 그러나 아무리 해도 이해 못할 긴 설명에 머리가 혼란스럽다. 다만 뚜렷한 건 청년은 황조롱이가 아니라는 것이다. 그리고 진짜 황조롱이가 나타날 것이고 청년은 신천옹이라는 것이다.

"도대체 신천옹이 뭐지? 신천지의 할아버지인가?"

'나는 황조롱이고 싶다. 그만큼 멋지고 날렵한 사냥을 하는 새를 본 적이 없다. 재선 형은 내 소망이 송골매도 못 된다고 비웃었지만 송골매는 멋있긴 해도 탐탁지가 않다. 열 번 사냥에 두 번밖에는 성공 못 하는 데데한 새는 싫다. 원 샷, 원 킬! 회를 켜는 사람도 소 잡는 백정도 대상을 죽일 때 오직 단칼, 단매이다. 그게 상대의 고통을 줄여주는 유일한 길이다. 그래서 둘째 조롱이 '속도'가 의미 있는 지혜이다. 속도 없이는 힘이 들어가지 않는다. 그러나 나는 이 속도를 죽이는 일로 쓰지는 않을 것이다. 오직 정의를 실현할 때 사용하겠다. 그런데 나더러 신천옹이라고? 우선은 황조롱이를 따르라고?'

청년은 황조롱이가 아니라는 것에 실망을 한다. 신천옹은 뭔가 낡아 보인다. 청년은 할아버지 나무의 그 긴 사설을 기억해 내느라고 잠을 설친다.

12

걸어서 하늘까지

4학년이 되자 장학금이 끊어진다. 3년 동안 모은다고 모았지만 그것으론 부족하다. 아버지는 쌈짓돈을 털어서 고시원 하숙비를 내준다. 생리대가 뒹구는 쓰레기도 치우고, 고철 폐지도 주워서 팔아가면서 모은 돈이다. 재선 형은 많은 장학금을 받아서 여유가 있다. 아버지는 재선 형에게도 어렵사리 이른다. 청년은 아버지와 형의 도움으로 고시 공부를 해나간다. 그렇다고 해도 아버지와 대화는 없다. 아버지 또한 아들한테 말을 걸어오진 않는다. 청년의 해묵은 울분도 다 순화된 건 아니다. 하지만 생존이 최대 과제이던 아버지를 부분적으론 이해한다.

아버지는 대학 3학년에서 학업이 중단된 학력 소지자이다. 개별적 공부에 따라서 학식도 높았다. 그런 아버지는 상대원 시장의 쓰레기를 치워 주는 대가로 집집마다 2천 원씩의 수고비를 받았다. 그 때문에 아버지는 하루 종일 허리 굽혀 만나는 이에게 인사를 했다. 청년은 이미 팽개친 아버지의 자존심을 수치스러워했다.

아버지는 오직 돈을 위해서 온 가족을 돈벌이로 파견시킨 사람이다. 검정고시 보는 날에도 수원까지 하루 미리 가서 묶게 되어 있었다. 그런데도 돈 몇 푼 때문에 그걸 막고 당일 새벽에 가게 한 사람이다.

그러한 아버지에게 위암이 발병된다. 원자력병원에 들렀다 나오는 청년은 착잡하다. 가족들은 아버지의 쾌유를 빈다. 청년도 알고 있는 모든 신에게 간구한다. 나아질 수만 있다면 어떤 일이라도 하고 싶어진다. 날이 가면서 다행히 병세는 조금씩 호전된다. 그 참에 재선 형은 아버지를 모시고 여행을 다녀온다.

탈반, 전통예술 연구반 활동을 하던 이영진이 미 상공회의소를 점거했다가 검거되어 감옥으로 갔다는 말을 듣는다. 하필 상공회의소냐 하니 미국문화원은 서울대 학생들이 점거하여 상공회의소로 갔다는 말도 묻어온다. 웃자고 하는 소리지 싶다.

'이 친구가 대학 졸업장을 날리기 위해서 스스로 그 길을 택했네!'

이영진의 논거에 의하면 대학 졸업장도 기득권이다. 어쨌든 그런 일들은 광주 사건 배후에 미국이 있다는 것에 대한 성토이다.

청년은 사법시험 2차에서 안타깝게 실패를 한다. 세 과목 중 한 과목이 커트라인에서 0.34점이 부족이다. 그래도 과락이라서 불합격이다. 공든 탑을 무너뜨린 자신에게 울분이 쌓인다. '수표 보증'과 '수표 지급 보증'은 둘 다 서술 가능한 문제였다. 하필 왜 문제 아닌 걸 찍어서 서술했을까! 박정한 시험관이 문제를 지워 버리자 청년은 당황했다.

"아… 칠판에 적힌 문제를 적어 놓았어야 했다. 사정해 볼까? 어떤 거였더라…"

청년은 '수표 보증'과 '수표 지급 보증' 중 어떤 게 문제인지 기억을 떠올리려 총력을 기울이지만 칠판 글씨의 잔상조차 떠오르지 않는다. 긴장했던 탓이다. 휴식이 없었다. 청년은 하필 문제 아닌 문제를 찍는다. 그리고 서술한다.

'50%의 찍기는 확률이 반이라서 성공 확률이 높다고 얼핏 생각이 들지만 아니다. 그건 도박이다. 이거 아니면 저거라는 찍기는 대단히 위험하다. 객관식 사지선다형이라면 확률이 25%로 줄지만 아는 입장에서는 4개의 예시를 분석만 해도 답은 나온다. 둘 중 하나, 아… 이건 정말 도박이다'

심사위원 세 명은 각각 고민이 깊다.

'분명히 이 친구가 문제를 혼동한 건데... 에이 다른 심사관이 1점이라도 더 준다면 합격이고 그건 수험자의 운이다'

한 명이 커트라인에서 1점을 깎는다. 청년의 점수는 심사관 세 명을 평균해서 39.66이다. 커트라인은 40점인데 한 명이 39점을 준 것이다. 아깝다는 뜻이다. 고통스럽다. 앞으로 5개월이면 대학 4년이 끝나는데 대학원 갈 돈은 없다. 그렇다고 군대를 간다면 2년이 날아간다. 청년은 할아버지 나무가 생각난다.

"처사님은 '신천옹(信天翁)'입니다. 처사님은 높이 올라서 멀리 가십시오. 어린 시절의 고난은 크고 무섭습니다. 쉽게 벼랑으로 떨어지거나 뱀상어의 먹이가 되기도 합니다. 날지도 못하는 새가 날아 보려고 하기 때문입니다. 하지만 그 도전을 안 해서는 안 됩니다. 하다가 죽더라도 살아남으려면 계속 도전을 해야 해요. 그렇게 해서 어깨에 힘을 기르고 겨드랑이의 탁기를 털어 내야 합니다.

'날지도 못하는 새가 날아 보려고 했다... 하다가 죽더라도 계속 도전을 해야 한다...'

청년은 울화가 치솟는다. 온힘을 다해서 담장에다 주먹을 날린다.

"윽!"

뼈에 금이 간 것 같다. 한 번 더 날린다. 또 날린다. 또 날린다. 주먹이 피투성이가 된다. 담장에 쑤셔 박은 주먹은 놔두고 머리를 찧는다. 뜨거운 눈물이 흐른다. 친구 이영진이 생각난다.

'자네는 감옥에서 썩고 나는 군대에서 썩을까? 자네가 옥에서 썩어서 이력과 훈장이 생긴다면 그걸로 무얼 할 참인가? 나는 군에 가서 무얼 얻게 될까? 그게 우리 각자의 삶에 어떤 기여가 될까? 아니라면 국가나 국민에게 무슨 기여가 되지?'

청년은 벽에 기대어 뜨거운 눈물을 흘린다.

주먹 뼈가 으스러졌나 부기도 심하고 통증도 크다. 청년은 깡으로 참는다.

'내가, 그 나이에! 프레스에 손목 한쪽이 으스러져서 팅팅 부어올라도 참아가며 일을 한 사람이다. 지금 이 통증은 감옥에서 고생하는 친구 이영진을 생각하며 깡으로 새기겠다'

청년은 입영 신체검사를 받는다.

"이거 완전히 개판이군!"

군의관의 말이다. 좌측 팔과 코의 손상 때문에 엑스레이와 후각 신경 검사를 확인한 후 뱉은 말이다. 청년은 산재 후유증으로 인한 장애 때문에 제2국민역으로 편입된다. 일부러 대학원을 들어갈 이유는 없어진다.

'그러나 사나이가 장애자라는 이유로 군대가 뭔지를 모르면 안 될 일이다. 교련을 수강하면서 총검술 제식훈련 다 배우자. 학우들은 고교 때 교련 시간이 있었을 테지만 나는 검정고시 출신이다. 따라서 이건 나의 개인적 군 생활이다'

청년은 교련을 수강한다. 물론 장애의 몸이라 각이 안 잡히니 앞에까지 불려 나가 조소를 당한다.

"춤을 춰라, 춤을 춰…"

강사가 쉽게 해 버린 말이다. 하지만 청년은 차려 자세도 올바로 하질 못한다. 팔이 굽었기 때문이고 그래서 여름에도 긴 소매의 남방을 입는다. 장애를 티 내지 않기 위해서다. 하지만 그 시각 소매 속에서 팔이 애쓰는 고충을 아는 사람은 없다. 그래도 끝끝내 문무대와 전방 입소까지 참여하면서 교련을 온전히 이수한다. 이제부터 사법시험 준비만 맹렬히 하면 된다고 결의를 새로 다진다. 그러면서 여러 달이 지나고 졸업 시즌이 닥친다.

1986년 2월 20일

내일은 졸업을 한다. 태어나서 두 번째로 맞이하는 졸업이지만 별 감정이 없다. 기쁜 일이긴 한가 보다. 오랜만에 학교에 간다는 점도 있지만, 어쨌거나 오늘 졸업식에 쓸

가운을 빌리러 학교에 갔는데 상당히 좋다. (중략) 내일은 집안 식구 모두 가능한 사람들이면 모두 올 것이다. 두 분 어른께서는 아마 눈물을 흘리실지도 모르겠다. 어쨌거나 우리 집에 나란 존재의 탄생은 새로운 전기이기도 했으니까. 그러나 그것은 정의로운 사회를 향해 조그만 출발점에 선 자세 그것이라 생각하고, 정의로운 세계가 구현될 수 있을 때까지의 고된 행군, 아니 즐거운 행군이 될 것이라는 것을 나는 안다. (중략) 지금부터는 정말 일기를 열심히 써야겠다. 미래에 대한 나의 의지를 새로이 하고 행여나 잘 먹고 잘살려고 흐릿한 부류에 속하려는 사심을 엄격히 제어하며, 가난하지만 선하고도 진지한 자세로 접근을 해나가야겠다.

현재의 차갑고도 매서운 겨울바람 지나면 봄이야 오겠지만, 지금의 추위가 일면 너무 강하게 느껴지는 경우도 있다. 이제 잠을 좀 자야겠다, 거창한 말도 필요 없이 한 나라, 한 세계, 사람 모두에 해당하는 본질적 자유와 평등에 대해 새로운 각오를 한다.

'대학이란 역사를 배우고 깨닫고 인식한 시간이었다. 대학에서 갖추게 된 철학적 기반과 지식은 실용적 도구로써 내 삶을 끝까지 이끌고 나갈 것이다. 나는 우선은 사법시험에 모든 힘을 투여할 것이다'

누구보다도 화려하게 입학하여 누구보다도 풍성한 지식을 습득하고, 누구도 따라올 수 없을 노력을 바친 멋진 대학 시절은 이렇게 마감된다. 그래도 여전히 고시준비를 하는 나날은 변함이 없다. 고

시원 하숙비 및 생활 경비는 아버지와 재선 형이 도와준다. 어머니는 아버지의 몸 관리에 특별히 힘을 쏟다. 그러나 벚꽃이 봄을 밝히던 어느 날 청년은 아버지의 위암이 재발했다는 소식을 듣는다. 병원을 다녀온 청년은 신림동 사거리를 헤매면서 통곡한다.

다시 책에 매달리던 청년은 사법시험 1차를 통과한다. 아버지는 생명의 불꽃을 조금이라도 더 지켜 내기 위하여 의식의 힘을 모은다. 청년은 드디어 사법시험 2차도 수월하게 통과하고 병원을 향한다. 아버지는 두 번째 수술 직후에 친척뻘 아저씨의 병문을 받고 있다.

"내가 그놈을 법대에 보낸 거야."

청년이 병실 문을 열고 들어선다. 한 번 더 같은 소리가 들린다.

"내가 저놈을 법대에 보냈다고!"

아버지는 자신의 삶이 슬펐다. 많이 배웠으나 써먹을 수 없었다. 오히려 배운 자의 고뇌가 더 컸을 뿐이었다. 그러나 이제 당도한 삶의 종점에서 아버지는 스스로 당당하게 여긴다. 아들의 성공이 가져다준 자부심 때문이다. 공부를 방해하는 과정에서도 지청구를 딛고 부디 성공하기를 바랐던 건 사실이다. 내가 저놈을 법대에 보냈다는 분명한 어조에서 청년은 늦된 깨달음이 일어난다. 할아버지 나무의 메시지가 더욱 뚜렷이 부각된다.

"어린 시절의 고난은 크고 무섭습니다. 쉽게 벼랑으로 떨어지거나 뱀상어의 먹이가 되기도 합니다. 날지도 못하는 새가 날아 보기 때문이지요. 하지만 그 도전을 안 해서는 안 됩니다. 하다가 죽더라도 살아남으려면 계속 도전을 해야 해요. 그렇게 해서 어깨에 힘을 기르고 겨드랑이의 탁기를 털어 내야 합니다."

'아버지는 내가 극복해야 할 시련이었다. 아버지는 아버지의 역할에 충실했으므로 하늘의 뜻을 다하셨다. 아... 내가 부족하여 진작 깨닫지를 못했을 뿐, 이 세상 모든 아버지는 하늘의 길을 가는 것이다'

이 새로운 깨달음에 청년은 코가 시큰해진다. 가슴이 뜨거워진다.

청년은 최종 합격 통보를 기다린다. 모르핀으로 버티는 고통 중에도 아버지는 자부심이 드높다. 평생 팽개쳐진 자존심이 아들로서 회복되기 때문이다. 스스로에게도 존재의 온당성이 깊이 새겨진다. 편히 눈 감을 수 있겠다고 생각을 한다.

청년은 음력으로 10월 23일, 자신의 생일날 사법시험 최종 합격 통보를 받는다. 아버지에게 이 소식을 전하고 생일 축하를 받고 싶다는 작은 소망도 세워 본다. 그러나 아버지의 생명의 불꽃은 고통

속에서 꺼져 간다. 오후 세 시가 넘어 가자 아들이 태어난 시각을 찾아서 숨을 거둔다. 공교로운 일이다. 아버지가 숨진 시각은 아들이 태어난 시각이다.

"아버지 들리시나요? 지통마의 이 꼬맹이가 해냈습니다. 그렇게도 훼방을 놓으셨던 공부를 기어이 해냈다고요! 아버지의 아들이기에 해낼 수 있었다 이겁니다! 아버지 눈 좀 떠 보세요!"

청년은 또 새로운 세계로 들어가게 된다. 스스로 길을 내며 지나온 걸음들을 살펴본다. 분명히 자기 앞의 길은 누구라도 자기 스스로 내면서 가는 것이라는 확신이 다시 생긴다. 청년은 역사의 시간선 속에 자신의 발자취가 생기길 소망한다. 그 발자취가 깨어날 시민들의 등불이 되기를 기원한다.

'사람들이 겪는 개별적 어려움의 대부분은 사회구조적 결함과 모순에서 비롯된 것이다. 배우고 인식한 자에게는 행위의 책임이 따른다. 그 자각 그 자체가 지성이다. 이때 올바르고 용감하고 지혜롭게 행하는 것 그 또한 지성이다. 따지고 보면 사람 개개인마다 이 지성을 가지고 있다. 개개인의 지성이 깨어나게 계몽하면서 구조적 모순을 개선해 나가는 일 그 일이 내가 할일이다'

청년은 첫 번째 사시에서 실패하길 잘했다고 되새긴다.

'초기의 성공은 사람을 교만하게 한다. 그뿐 아니라 동전의 앞뒤 중 한 면만 보게 한다. 그건 사람을 한쪽으로 치우치게 만들어서 공정성을 잃게 한다. 다양한 관점으로 검토된 후에라야 행하는 일에 생명력이 부여된다. 4학년 때 사시에 합격했더라면 판검사의 길을 선택했을지도 모른다. 하지만 권위와 권력에 편승하여 안주하게 된다면 일신은 편할지 몰라도 할일은 못한다. 모순과 부조리를 판검사가 어떤 힘으로 개혁을 할까!'

청년은 변호사가 되어 우선은 불이익을 당하는 힘없는 사람을 도우면서 그들을 일깨우기로 작정한다.

1987년도 사법고시 18기, 이때 합격생은 3백여 명 정도이다. 청년은 2년간의 사법 연수과정에 들어간다. 연수원 수업이 끝나면 뜻이 맞는 동료들과 토론도 하고 가두집회에도 참여한다. 한번은 경찰 병력이 무장해제당하는 현장을 보고는 놀란다. 성남 시내 집회에도 가본다. 차도와 인도에는 사람이 넘실댄다. 이 물결이 오직 시청을 향하는 것에 또 놀란다. 학생과 시민들의 시위는 연일 계속된다.

'사회 흐름의 집단적 방향이 한쪽으로 굽이치고 있다? 이런 걸 역사의 변곡이라고 하나?'

청년은 격변하는 시대의 거대한 물줄기를 보면서 다시 한 번 집단 지성에 대해서 숙연해진다. 그래도 지금은 지식을 사용하는 법을 모르기에 연수원 생활을 잘해 나가자고 자신에게 이른다.

사법연수원에는 사상 최초로 노동법학회 등 각종 학회가 구성된다. 그리고 누구의 발제인지도 모를 〈무변촌 법률 봉사활동〉을 기획하다가 문제가 된다. 여기서 청년은 이제 자신은 학생이 아니라 공무원이라는 지청구를 귀 따갑게 듣는다.

'아니! 내가 판검사 안 하면 어이 내가 공무원이겠노! 내가 변호사를 해도 공무원이겠나!'

청년은 의원 변호사 등 수 명과 집단 서명운동을 모의한 후 사법개혁을 요구하는 성명서를 작성하고 실무 수습 중인 연수생들에게 서명을 받는다. 서명을 취합하여 언론에 공표하려는 것이다. 이 일이 잘못되면 제적 이상 형사 처벌까지도 가능한 사안이다. 그러나 이 일로 제재당하는 연수생이 없이 요구의 대부분이 받아들여지면서 일단락된다. 대신에 〈무변촌 법률 봉사활동〉을 포기하고 각종 운동 단체에 지원을 나가기로 결정한다. 청년은 성남 YMCA의 시민 중계실에 상담원으로 지원을 나간다. 그 다음엔 종로구의 〈석탑〉이라는 노동운동 단체에 자원 봉사를 나가서 노동법을 상담해 준다.

청년은 만 12세에 프레스를 다루다가 손목을 찍힌 사고를 기억한다.

지혈 처리는 아무렇게나 되고 사장님이 다가온다. 사장님은 짜증을 내면서 소년의 뒤통수를 세게 후려친다.

"기계 값이 얼만데! 짜증나게시리..."

뒤통수를 얻어터진 소년의 고개가 앞으로 휘청인다. 눈물로 얼룩진 소년의 하얀 얼굴이 파랗게 질려 있다. 소년은 상처 난 짐승처럼 바닥에 웅크린 채 떨고 있다. 고참들은 소년을 병원으로 데려간다. 헝겊을 뜯으니 손가락 세 개가 고무가루와 함께 피떡이 되어 있다. 병원에선 소독약을 바르고 깁스로 얼버무린다. 소년은 깁스를 한 채 다시 공장으로 가서 한 손으로 일을 한다.

엄마는 가슴을 치며 소리 내어 엉엉 우신다. 소년은 마음속의 방만 들여다본다.

붕대를 풀고 보니 손가락에 푸르스름 거뭇한 고무가루가 혈관처럼 누워 있다. 만져 보니 딱딱하다.

"이건 기다란 지우개네!"

지우개 주변이 가렵다. 소년은 지우개를 살살 눌러 보다가 긁어본다. 주변 살이 뭉텅뭉텅 떨어져 나간다. 심장이 쿵쿵 방망이질 친다. 그래도 이를 악물며 참는다. 더 조심하고, 더 열심히 일을 해서 돈을 벌 거라고 굳세게 마음먹는다.

사장님을 벌 줄 사람은 없다. 여기서는 사장님이 왕이다.

'나도 힘센 사람이 되고 싶다.'

소년은 다시 또 마음속의 방을 기웃거리며 읊조린다.

'공장에서 일하다가 다쳐도 돈을 줍니다. 병원비도 물어줍니다'

소년 이재명은 꿈을 꾸고 꿈은 길을 놓아 준다. 꿈의 길은 험난하다. 길을 따라가던 소년 이재명은 대학생도 되었다가 변호사도 된다. 변호사 이재명은 이제는 더욱 넓게 바라본다. 시간이 지날수록 마음속에 담기는 사람들이 늘어난다. 이제는 사람들의 꿈이 그의 꿈이 된다. 꿈은 길을 놓고 길의 끝은 하늘과 닿아 있다. 땅과 하늘의 접경지를 '지평'이라고 한다. 그의 꿈길은 거기서부터 출발한다. 꿈은 늘 보이지 않는 세계를 향해 있기 때문이다. 최고 최선의 하늘에 가장 빠르게 닿는 지평, 도약은 거기서 생겨난다.

13

황조롱이를 보다

　　　　　　이재명은 대학 시절 학생 시위대에 묻혀서 정문 밖 진
출을 시도하다 머리 바로 위에서 최루탄이 터진 적이 있다. 손상 입
은 두피는 그 후 몇 년이나 허물이 벗어졌다. 알고 보니 그 최루탄은
이한열 학생이 희생된 것과 동일한 종류였다. 몸서리를 치지 않을
수 없었다. 지난 1월에는 부산 출신의 서울대생 박종철이 고문으로
죽었다. 박종철은 여름 방학을 이용하여 공장 생활을 체험하는 등
노동운동에 투신할 준비도 했고 청계피복노조의 합법화를 요구하
는 시위에 참가했다 구속되기도 했다. 이후에도 박종철은 학생운동
에 적극 참여하다 연행되어 남영동 대공분실에서 고문을 당하던 중

죽었다. 이 보도를 접하고 이재명은 몸을 부르르 떨었다.

이재명에게 노동판의 부조리는 치가 떨리는 일상이었다. 어린 눈에도 그 세계는 말도 안 되는 일투성이었다. 그러나 어린 나이의 힘없는 소년이 할 수 있는 일은 아무것도 없었다. 때문에 어려서부터 그가 원한 건 '힘'이었다. 그때 만일 박종철 같은 학생이 그런 식으로 애를 쓰고 있다는 사실을 알았더라면 두 번씩이나 자살을 시도하는 일은 없었을 것이다.

4월 13일에는 갑자기 '호헌 선언'이 발표되었다. 전두환 정부가 직선제 요구를 거부한 것이다. 그러고는 6월에 집권당인 민주정의당의 대통령 후보로 노태우를 뽑았다. 시민들은 분노했다. 고문을 받다 숨진 박종철 사건과 시위 도중에 최루탄을 맞아 숨진 이한열 사건까지 합쳐서 증폭된 분노는 노도와 같았다. 시민들은 '호헌 철폐'와 '독재 타도'를 외치며 거리로 뛰어나와 민주화를 요구했다. 이재명이 연수원 동료들과 함께 참여한 가두집회가 이것이었다. 시민들은 경찰들의 무장까지 해제시킬 정도로 분기가 하늘을 찔렀다.

이러한 시대 상황 속에서 이재명은 신문을 탐독하고 뉴스에 귀 기울이고 동기들과 토론도 한다. 나이도 어리고 경험도 없는데 변호사로 개업을 하면 과연 밥이나 먹을 수 있을지 장래 문제도 진지하게 논의한다. 그러던 어느 날 한 인권변호사의 강연을 듣게 된다.

연사는 자주성과 정의에 대해서 그리고 인권과 노동권에 대해서 역설한다. 들을수록 빨려 들어가게 되는 목소리에 힘이 있다. 가슴이 뜨거워진다. 그는 사법시험을 독학으로 돌파했다고 한다. 미소로 뭉쳐진 얼굴도 인상적이다. 투박한 경상도 아저씨, 봉하마을에 사는 노무현 인권변호사라고 한다. 확신에 찬 연사의 논조가 신뢰감을 일으킨다. 가끔은 울컥거리게도 만드는 그의 얘기는 우리가 잊어버린 그러나 다시 찾아야 할 역사적 울림이 있었다. 이재명은 자신도 저렇게 살고 싶다는 생각에 취해 간다.

"저의 선친은 경북 봉하마을에서 그래도 밥은 먹고 사는 농군이었습니다. 그런데 일제가 나라를 강점하는 일이 벌어졌습니다. 집안은 몰락했고 선친은 희생되었습니다. 어머니와 어린 저는 밥을 먹고 사는 일이 곤궁해졌습니다. 나라가 통째로 남의 손에 넘어가서 벌어진 일이었습니다. 이런 일들이 자주성이 없을 때 벌어지는 일입니다.

왕이라는 한 사람이 나라를 포기하니 나라 전체가 남의 손에 넘어간 것입니다. 그러나 이 땅은 스스로를 지켜야 하는 주인이 전 국토에 퍼져 있었습니다. 당초부터 백성이 주인인 것입니다. 그러나 백성은 자신들이 주인이라는 사실을 깨닫지 못하고 있었습니다.

　조상의 뼈와 살이 묻혀 있고 지성으로 무덤을 손질하고 차례와 성묘로 자손의 도리를 다해 온 백성이 내 땅, 내 나라라고 진즉에 깨닫고 지켰더라면 결코 이 나라는 남의 손에 넘어가지 않았을 것입니다. 그러나 백성은 이 나라 이 땅이 왕의 나라라고 알고 있었고 왕이 지켜줄 거라고 믿었습니다. 하지만 왕은 대신들이 이 나라를 지켜줄 거라고 믿었습니다. 대신들은 왕의 눈을 속이면서 백성의 권익을 수탈하고 있었고, 그러는 동안에 이 나라는 병들고 썩어가고 있었습니다. 그들이 자주 국방에 대한 개념도 없이 일신의 영달만 추구할 때 소수의 깨달은 사람들은 안간힘을 썼습니다. 그러나 계란으로 바위를 치는 격이었습니다. 제도는 비굴한 탐관오리들의 손에서 함부로 행사되다가 일제에 의해 무력하게 붕괴되었습니다. 일본인 지주가 생기는 것도 막지 못했고 그들 밑에서 마름을 살던 친일파들이 새로운 지주가 되는 것도 막지 못했습니다. 그들은 툭하면 힘없는 소작인들을 괴롭히면서 땅을 빼앗으려는 송사를 벌였습니다. 저의 선친은 그 토지 분배 송사에 관여하여 힘없는 소작인들을 위해 증언을 해 주었습니다. 지금으로 보자면 인권변호사의 역할이었습니다. 정의로운 일이었습니다. 그러나 친일파의 아들과 그들이 고용한 불량배들은 저의 선친을 무자비하게 폭행했고 어린 저는 그 광경을 똑똑히 지켜보았습니다. 또한 선친의 증언으로 송사에 이긴 소작농들이 선친에게서 등을 돌리는 것도 똑똑히 지켜보았습니다. 정의롭게 약자 편에 섰던 저의 선친은 그렇게 희생되었습니다.

아직도 이 나라는 곳곳에 그 소작농과 같은 변절자들이 조그마한 자기의 재산을 지키려고 수치스런 밥을 먹고 있고, 불한당 같은 군부정권의 의식 없는 하수인들은 최루탄을 쏘고 곤봉을 휘두르고 있으며, 무도한 독재 폭력 정권은 집권을 위한 탐욕으로 국민들을 속이고 있습니다. 이러한 시국에 저의 선친과 같은 정의로운 사람들이 여러분이라고 할 수 있습니다. 그리고 지금 여러분은 이 연수원에서 명찰한 지식과 지성을 닦으며 진로를 결정해야 할 상황입니다.

지금 이 나라를 보십시오!

깨어난 민중이 전 국토에서 일어나고 있습니다. 깨어난 노동자들이 일어나서 최루탄 속에서 부상을 당하고 고문을 당하고 피를 흘리며 잡혀가고 있습니다. 무도한 군부는 박종철의 죽음에 대해서 '탁 치니 억하고 죽었다고 합니다. 이 억울함은 누가 풀어 줘야겠습니까! 수많은 노동자의 권익은 누가 보호해 줄 것이며 어떻게 해야 억울한 원혼들이 더는 안 생길 것이며 그러기 위해서 우리는 무엇을 해야 하겠습니까!

저의 집안이 그렇게 몰락한 후 어머니는 저에게 '모난 돌이 정 맞는다. 계란으로 바위치기다. 나서지 말라'고 교육을 해 오셨습니다. 처음에는 저도 그렇게 살려고 했습니다. 그러나 저의 끓는 피는 진정할 수 없었습니다. 선명한 지성, 뜨거운 열정의 새싹들이 고문으로 죽어가고, 최루탄에 맞아서 죽어 가는 그 참상을 보면서 그렇게 살아서는 안 된다고 내면으로부터 아우성이 올라왔습니다. 저는 정말 정의를 외면하고는 살아갈 수 없었습니다.

　　마땅히 국민은 천부의 인권과 자주권을 되찾아야 합니다. 그래서 땀 흘려 일한 사람들이 땀 흘린 만큼 잘살게 되는 '진정으로 사람 사는 세상'이 되어야 합니다. 우리는 깨어난 국민으로서 다시는 국민을 업신여기지 못하도록 눈을 부릅뜨고 저들을 지켜봐야 합니다. 민주는 거기서부터 출발합니다. 진정한 자주, 진정한 민주가 확립될 때 진정으로 사람을 위한 사람 사는 사회가 가능해집니다. 그러기 위해서는 힘없는 사람들을 도와가면서 의식을 계몽시켜야 합니다. 저도 그렇게 활동하고 있습니다. 제가 그렇게 살아 봤더니 그래도 밥은 먹고 살 수 있었습니다. 약한 자들이 우리의 힘에 의해서 지켜질 수 있고, 이 나라가 온전히 자주, 민주, 평화적으로 거듭날 수 있다면 밥만 먹고 살아도 충분하지 않겠습니까? 자존감이... 사회의 기초가... 비굴한 역사가... 청산..."

연설은 계속되고 있지만 이재명은 더 이상 듣지 않는다. 길을 찾은 것이다. 부르쥐었던 주먹은 언제 풀렸는지 두 손바닥은 무릎 위에서 천정을 향해 놓여 있고, 턱은 반쯤이나 떨어진 채 이재명은 이미 할아버지 나무 속으로 들어가고 있다.

처사님! '그 법'과 '이 법'은 같기도 하고 다르기도 합니다. 그러나 우선은 '그 법'을 따라 가세요. 그리고... 처사님은 황조롱이가 아닙니다. 하지만 법을 따라 가다보면 진짜 황조롱이가 나타날 거예요. 먼저는 황조롱이의 뜻을 따르세요. 하지만 황조롱이는 멀리 날 수가 없어요. 황조롱이는 때가 되면 스스로 떠날 거예요. 사람들의 염원을 뭉치지 못 했기 때문입니다.

'황조롱이다! 저 사람이 진짜 황조롱이다! 아... 할아버지 나무를 다시 만날 수 있으면 좋을 텐데...'

충격이랄까 흥분이랄까 알 수 없는 기묘한 감정을 마주하며 청년은 또 자기 앞의 길을 새롭게 놓는다. 여태까지는 힘겹게 올라가는 험산준령이었다면 이번 대상은 권력이다. 투쟁하고 맞서다가 모진 탄압까지 받을 수도 있다. 하지만 불운을 딛고 스스로 길을 찾아 현재로 달려온 그는 그래도 좋다고 생각한다. 이 길이 역사의 어두운 협곡을 밝히는 길이라면 목숨 한번 또 걸어보기로 작정을 한다.

그러다 그는 고개를 젓는다. 황조롱이는 멀리 못 날고 스스로 떠날 거라는 말이 떠올라서다. 그러다 다시 마음을 다스리며 마음을 강하게 먹는다.

'아니다! 우리가 힘을 모아서 곳곳에서 일을 한다면 분명히 다른 결과가 생길 것이다. 나는 힘없어서 불이익을 당하는 수만 노동자와 취약 계층을 도우면서 민중 계몽에 힘쓰겠다. 우선 지역 사회로 나가서 작은 불을 밝히자. 그러자면 마음을 한없이 넓혀야 한다. 그리고 단단해져야 한다'

전국 곳곳에서 시위는 거의 매일 이어지며 학생들에 이어서 샐러리맨들까지 가세를 한다. 어머니들은 꽃을 들고 전경들의 대열까지 침투해서 카네이션을 전하면서 자제를 호소한다. 민주란 피 흘리면서 쟁취하는 것이라는 현장을 눈으로 본다. 그래서 값질 수밖에 없음을 가슴으로 느낀다. 역사는 정면 돌파를 해서 다시 세워야 한다. 그는 동료들을 불러내 신림동에서 모인 후 분연히 말문을 연다.

"나는 확정 냈습니다. 시보 생활 끝내고 지역 사회에 변호사를 개업한 후 인권과 노동권을 위한 도움의 업무를 시작하려고 합니다. 후퇴 없습니다. 노무현 인권변호사의 말을 믿기로 했습니다.

선배 한 명이 웃는다.

"그분이 81년도 부산에 부림 사건 있잖아? 그거 변론한 분이야. 큰 사건이었지."

81년도라면 대입 예비고사 준비에 올인하고 있었을 때라는 셈을 해 본다. 부림 사건은 5·18 이후 신군부에 의한 대표적인 부산 지역 사상 최대의 용공 조작 사건이다. 노무현 변호사는 이 변론 이후 전격적으로 인권변호사의 길로 들어섰다고 한다.

이재명은 생각이 많은 가운데에도 마음에 불이 든다.

'변호사 해서 굶어죽은 사람은 없다...'

이재명은 굶어죽지 않기 위해서 산과 들을 누비던 어린 시절이 떠오른다. 큰 가재를 잡았을 때 소년은 행복했다. 엄마는 가재도 고기라고 말씀하셨다. 이재명은 어느새 지통마을로 스르륵 흘러들어 간다.

아이는 계곡 상류로 자리를 옮긴다. 거기서 두 마리를 더 잡고 보니 모두 다섯 마리가 된다. 욕심에서는 네 마리가 부족한 상태다. 그래도 큰 가재가 섞여 있으니 만족스럽다. 아이는 집으로 달려간다. 엄마는 콩밭에서 풀을 뽑고 계신다. 엄마에게 가재를 보여드린다.

"꼬기 잡았네..."

"꼬기 아녜요, 까재예요."

엄마는 단호히 말씀하신다.

"까재는 꼬기다!"

아이는 가슴속에 깊이 담아둔다.

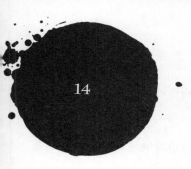

14

부화되는 신천옹

이재명은 연수원 동기와 공동으로 성남시청 앞에서 변호사 개업을 했다. 성남은 전국에서 노동운동이 가장 활발하게 펼쳐진 곳이면서 그에 따라 해고자나 구속자가 양산된 곳이다. 사무실은 억울함을 호소하는 노동자들로 연일 붐볐다. 노동 문제는 소년 시절부터 뼈저리게 당해 온 노동 현실의 부당함을 법적으로 규명하고 단죄하는 일로서 그에게는 단순 수임 사건 이상의 의미가 있었고 또 노동자의 권익을 보호하기 위하여 변호하는 일은 정의구현이라고 생각했다. 특유의 예리함과 정확한 판단력 그리고 속도감은 의뢰인들에게는 커다란 위로가 되었고 아울러 신뢰도 얻었다. 반면에 기업의 행적을 추적하다 보면 노조를 탄압하려는 저의를 발견하기도 했다.

집회나 시위에도 참여하여 눈치껏 시위를 하면서 때에 따라 경찰서에 연행되는 사람들을 따라가 노상 변호사의 역할도 했고 분신한 사체를 지키느라고 병원에서 밤을 새우며 노동자들과 토론하기도 한다. 그러한 토론 과정에서 노동자들은 대부분 의식이 변하며 더 이상은 앉아서 당하지만은 않겠다는 결의가 다져진다. 시민 세력의 한 축이 될 노동자들을 깨어나게 하는 일은 조직화를 위해선 필수적인 일이다. 그리하여 시민 세력은 감시와 견제의 기능으로 작용되어야 하고 그 기능은 제도화될 필요가 있었다.

성남뿐 아니라 타지에도 더 적극적이고 조직적인 노동 상담 지원이 대두되었다. 그에 따라 선배들과 함께 이천 광주를 아우르는 노동상담소를 개소하여 일주일에 한 번씩 출장 지원을 나갔다. 수임료는 항상 최소한으로 받았고 사실상 수임료보다 더 많은 돈이 토론이나 집회 등 그들의 일을 조사 추진하느라 지출되다 보니 정작 단골집에는 불과 일이십만 원 수준의 외상값도 해결하지 못하고 있다. 어쨌거나 물정 모르는 사람들은 변호사를 개업하여 마치 떼돈이라도 버는 것처럼 생각하고들 있다.

친구 이영진의 도움이 필요했다. 몇 가지에 대해서 동업자와 이

견이 있어서 결별하고 사무실을 확장 이전했다. 이영진은 상담과 교육 업무를 담당하고 그는 노동조합 결성을 위해서 움직이기 시작했다. 얼마의 기간이 지나자 노동 문제 상담은 노동단체와 노동조합이 자체적으로 소화할 수 있게 되었다. 허다한 사건이 어려서부터 당하며 분노에 떨었던 내용이나 다를 바 없었다. 시간이 흘렀어도 제도적으로 개선된 것은 없다는 뜻이지 싶었다. 노동자의 권익을 위한 활동의 바탕은 인권 문제이고 사회정의 구현이었다. 그 외에 단체의 사건도 많이 들어왔다. 심지어는 209명에게 해고 통보를 한 후 경영자가 자취를 감춘 사건도 있었다. 향후 3년여 정도까지의 물량을 수주해 놓았고 수요가 상승 곡선을 그리는 상태인데 폐업을 한다는 건 말이 안 되는 일이었다. 이에 노동자들이 반발하고 나선 것이다. 노동자들은 대부분 20세를 갓 넘은 여공이었다. 그 또한 산재를 당해서 한 손에 깁스를 한 채로 시다 일을 할 때 미싱사들의 실태를 보아서 잘 안다. 여공들은 마치 혼이 없는 사람처럼 감각 없이 미싱만 돌리고 있었다. 그러한 여공들의 문제였다. 그는 변론을 하는 동안 동병상련의 아픔으로 눈물지었다. 경기도 지방 노동위원회는 회사의 부당 노동 행위를 확인하고 해고 철회와 임금 지급을 명령했다. 나중에 알게 되었지만 그 사건은 노조를 탄압하기 위해서 사측에서 고의적으로 벌인 일로 보였다.

그러던 중 피아노를 전공한 숙대 출신의 여자를 알게 되었다. 그녀는 시원스레 잘생긴 발랄한 여자이다. 겉모습으로 사람을 판단하지 않았고 내면을 읽는 힘도 있었다. 또한 따뜻한 보호 속에서 자유롭게 자라서인지 이해심이 크고 사랑이 넘쳤다. 또 옳고 그름 앞에서는 단호한 면이 있어서 정의를 추구하는 그를 응원해 주기도 했다. 어디서도 떳떳하지 못했던 그의 장애도 그녀는 문제로 여기질 않았다. 무더위에도 긴 소매의 옷을 입고 장애가 아닌 척 제스처를 써온 불편한 세월을 보상받는 기분이었다. 그는 장애로 인해 부득불행하던 모든 가식과 열등의식을 벗어던지고 한 여자를 마음껏 사랑하게 되면서 결혼을 했다. 이 층 양옥의 처가댁을 방문했을 땐 처음 보는 윤택한 가정의 화목한 모습에 가슴이 벅찼다. 그 또한 그런 가정을 만들겠다고 마음먹으면서 그때부터는 더욱 마음 놓고 노동운동에 전념하게 되었다. 개업 당시에는 성남을 다 알게 되기까지에는, 또 성남에서 사회적 역할이 명백히 요구되기까지에는 목소리를 키우지 않겠다는 마음이었다. 그 기간을 한 5년여로 내다보았다. 개업 후 4년의 세월이 흐른 1994년이 되자 시민운동 단체 설립이 논의되었다. 그동안 약자들 편에 서서 활동해 오면서 맺은 인연이 시민단체 결성의 기반이 되었다. 드디어 1995년 3월에는 시민 400여 명이 모여서 성남시민회가 발족되었다.

시민운동이란 주민자치를 통해서 민주적 과제를 해결하자는 움직임이고 이는 지방자치의 본격화가 가속시킨 것이기도 했다.

"시민 단체가 문제 제기에서만 그쳐서는 안 되고 감시와 견제의 기능을 충분히 행할 수 있어야 합니다. 시민 단체가 존재한다는 것이 권력과 기득권층에게 위협이 되어야 한다는 뜻이죠. 나쁜 일이란 뭡니까? 부정부패를 말합니다. 시민 단체가 감시와 견제의 기능을 다하면 부정부패를 할 수 있겠어요?"

1995년 6월에 오성수 씨가 정당의 공천 없이 무소속으로 민선 시장에 당선되었다. 오 시장은 수십 년이나 관료 생활을 해 온 사람으로서 관선 시장 시절부터 언론 플레이에는 능한 사람이었다. 오 시장은 신생 단체인 성남시민회를 달갑지 않아 했고 극도로 권위적인 태도를 취했다.

"시정에 대해 왈가왈부하려면 시장이나 시의원에 출마해 당선된 후에 하라!"

성남시민회가 시정에 대한 비판적 견해를 보이자 오 시장이 공언한 말이었다. 시민단체로서 먼저 인정을 받아야 하는 시점에서 벌어진 일이었다. 더불어 자연스레 오 시장과 성남시민회는 각을 이루게 되었다.

1996년 봄에 정유회사들이 연합하여 분당 석운동의 산 위에 200만 배럴 규모의 정제유 저장 탱크를 짓는 사업이 시작되었다. 이것은 안전이 도외시된, 더구나 민간자본의 요구에 따라 대규모의 녹지를 훼손하는 초대규모의 지상 시설물 설치 공사 사업이었다. 더구나 법인을 설립하고 국책 사업을 빙자해서 '공사'라는 명칭으로 정부 출자까지 얻어 내려고 했으니 부도덕함까지 숨겨진 대형 프로젝트였다. 때마침 이집트의 아시우트 지역에서 저장된 정제유가 화염에 휩싸여 홍수와 함께 마을을 덮치는 뉴스가 나왔다. 그는 즉시 환경단체와 지역 주민 조직을 연대시켜 '서울 남부 저유소 저지 공대위'를 구성했다. 그런 후 분당의 모든 단지 부녀회장과 총무 관리소장을 개별로 만나서 설득을 하는 한편 홍보 전단을 뿌리면서 직접 마이크를 잡았다. 그리고 또 한편으론 해당 단지의 부녀회장이나 관리소에게 구내방송을 하게 했다. 주민시위대가 중앙공원에 근 천여 명이나 자발적으로 참여할 정도로 반응은 뜨거웠다. 공사 차량을 막기 위해서 할머니들이 나체로 시위를 하기도 했다. 그는 확대된 주민 여론을 기반으로 건축 허가를 내주지 말라는 조건을 우선적으로 내걸고 오성수 시장을 압박했다. 오 시장은 처음엔 반박했다.

　　"3개월간의 정밀조사를 거친 후에 건축 허가 여부를 결정하겠다."

결국 타협안이 나왔다. 그런데 이틀 후부터 경찰청 특수수사대를 자칭하는 사람들이 나타났다. 오 시장의 비리를 조사한다는 것이다. 겁먹은 오 시장은 주민들을 배신하고 5일 만에 건축 허가를 내주었다. 그러자 이번엔 주민들이 그의 멱살을 잡고 늘어졌다. 뇌물을 받고 오 시장과 담합했기에 건축 허가가 나온 게 아니냐는 것이다. 그는 2층 복도에서 농성을 하면서 시장과의 면담을 시도했다. 자신의 무고함을 증명하고 싶어서였다. 하지만 퇴근 시간이 되자 직원들에게 멱살을 잡혀 끌려 나가는 것으로 농성도 끝이 났다. 그 와중에 양복까지 찢어지니 보통 수모가 아니었다. 그랬어도 발부된 건축 허가는 공문서이니 어쩔 방법은 없었고 결국 저유소는 지어졌다. 민의를 배반한 오 시장을 응징할 방법은 형사 처벌을 확정해서 지위를 박탈하는 방법 한 가지 뿐이었다. 그 일은 수년이 걸릴 일이었다. 그러느니 숫제 재선 방지 운동을 하는 일이 빠르겠다는 생각이 들었다. 그는 오 시장에 관한 부패자료집을 발간하여 감사원에 감사를 요구했다. 또한 측근 관련의 토지 매입 건도 배임죄로 검찰에 고소했다. 그뿐 아니라 그 밖의 반민주적 일탈들에 대해서도 노골적으로 시민들 앞에 공개 홍보를 했다.

한편 지역의 운동 세력 중 일부는 김병량 후보와 연대했다. 또 모든 운동 세력은 동지적 입장을 유지하고 오성수 시장과 대립 전선을 유지했다. 그 외에도 학교 이전이나 다세대주택 건축허가 등 부정한 일들을 모두 찾아서 분당 환경 시민 모임과 함께 저지선을 구축하고 그가 일선에 서서 지휘했다. 결국 오성수 시장은 1998년 6월, 2기 민선 시장 선거에서 언론과 시민사회로부터 맹비난을 받으며 압도적인 표차로 낙선했다. 그러고는 뇌물수수 혐의로 구속되었다. 이 일은 시민사회와 정치적 기득권과의 한판 승부에서 멋지게 승리를 이끌어 낸 첫 번째 사례였다. 이 과정에서 무궁화 심기, 문화 행사 등의 다양한 투쟁도 있었으며 대장동 주민이 구속되기도 했는데 물론 이 변호도 이재명이 맡아서 했다. 비록 저유소 건립을 막지는 못했지만 안전 펜스를 더 높였고, 쓰레기 소각장 반대 운동, 시 의정 감시 활동, 시민학교 등의 교육 활동, 시 집행부의 판공비 공개 운동까지 이끌었으니 성과가 아주 없는 것은 아니었다.

2기 민선 시장 선거에서 오 시장의 적인 김병량 시장이 당선되었다. 시에서 시민단체를 끌어안는 작업이 시작되자 시 집행부 측 인사와 시민 단체의 구성원이 겹치게 되었다. 시에서는 민관 협력이라는 명분으로 각종 위원회 등에 참여하기를 권유했다. 자연스레 시민 모임의 간부 상당수가 시정 개혁위원회에 참여했고 그는 재단법인 성남시 장학회의 감사가 되었다. 처음에는 이것이 시민단체의 정체성에 손상을 주리라고는 생각하지 못했다. 그러나 시간이 갈수록 객

관성을 유지하기 힘들다는 판단이 들었고 실제로 그런 우를 범하기도 했다. 하지만 성남 시장이 공채를 통하지 않고 장학회 사무국장을 퇴직 공무원으로 임명하려고 시도한 것을 알았을 때에는 더 이상은 안 된다는 생각이 들었다. 이재명 변호사는 그때에 과감히 사표를 썼다. 그리고 반려된 사표를 다시 내용증명으로 보냈다. 1999년 5월, 이것으로 시 집행부와의 공식적인 관계를 정리하면서 이미 손상된 성남 시민 모임의 정체성을 회복하는 일로 복귀했다. 시민 단체는 감시와 견제 역할만을 순기능으로 삼아야 했던 것이다.

맹렬하게 활동을 하다 보면 한 해가 저물었다. 새해가 닥치고 봄이 되자 고향이 그리워서 몸살이 날 지경이었다. 잠시 틈날 때마다 먼 산을 바라다보며 황조롱이도 생각하고 축융봉도 떠올렸다. 여름이 바라보이는 어느 날 한 사람으로부터 희한한 제안을 받았다.

"저는 건축업을 하는 사람입니다. 분당에서 땅을 사서 건축을 하면 많은 이익이 남을 텐데 투자금 대비 한 30배 정도는 그냥 내다보이는 일입니다. 함께하시죠!"

그는 또 턱이 반쯤이나 툭 떨어졌다. 어처구니가 없었다. 사람들은 '고수익'이라는 달콤함에 쉽게 빠지는 경향이 있다. 그러나 그는 수많은 사건과 판례를 공부하면서 사기를 당하는 사람들의 마음엔 반드시 탐욕이 도사리고 있음을 매번 발견했다. 그뿐 아니라 상식을 넘어서는 구조에는 반드시 부조리함이 끼어 있었는데 그런 건 대체로 편법이나 위법적 설계였다. 그는 단호하게 거절했다. 부정부패를 척결하고 일소시키는 일에 주도적으로 참여하는 이재명 변호사를 점찍은 건 그들의 계산 착오이기도 했지만 그동안 이재명 변호사의 사회적 성장도를 말하는 것이기도 했다.

'모든 일은 초장부터 예리하게 간파하고 신속하게 처리하되 정확해야 한다. 그런 후라야 여유롭게 상황을 누릴 수 있을 것 아닌가'

사실상 축융봉에서 황조롱이를 보면서 배운 생존 전략은 정말 유효했을 뿐 아니라 그것은 전략이라기보다 삶의 지혜였다. 노동자 시절에도 그 위험 속에서 더 이상의 사고를 당하지 않고 빠르게 기술자로 성장하기까지 매순간 그 지혜에 의존했고 변호사 시절에도 그 자세는 나날의 생활 지침이었다. 그는 어느 시점에 가야 마음방 조롱이들이 나무숲을 누비며 자주적으로 살아가게 될지 궁금했다.

15

신천옹의 걸음마

파크뷰 특혜 분양 사건

1999년 9월경 분당 백궁·정자 지구의 한 부지에 '로열 팰리스'라는 주상 복합 건물을 지어서 분양한다는 풍문과 함께 보도가 있었다. 업무 상업 시설이 지어져야 할 430,000,000㎡(약 13만여 평)대규모의 땅을 아파트 부지로 용도 변경을 해 준다는 건 바로 납득하긴 어려웠다. 아무래도 5월경에 찾아와서 투자금 대비 30배 수익이라고 끌어들이려던 건설 사업과 관련이 있을 듯했다. 기초 조사를 착수하면서 성남시와 공식적인 토론회를 거치니 이 일은 저지되어야 할 일이었다. 그는 전화로 분당 전역의 아파트 입주자 대표회의 회장단을 일일이 접촉했고 일주일 후에는 '분당 백궁역 일대 용도변경 저지 공대위'가 구성되었다. 분당의 140여 개 단지 중 120여 개의 입주자 대표회장, 십수 개의 시민 사회 단체가 참여했다. 그는 집행위원장이 되어 공대위를 구성해서 주민들의 반대 의견을 전달하면서 정책 철회를 요구했다. 시장은 '최종적으로 시민의 의사에 따라 추진 여부를 결정하겠다'고 약속했다. 그러곤 며칠이 지나서 용도변경 시범 지역에다 '용도변경에 따른 아파트 건축허가'를 내주었다.

그는 우선 자료 수집과 실체 조사에 돌입했다. 그리고 시위와 집회를 조직해서 거대한 이 사건의 핵심 자료를 공개했다. 성남 시청 앞에는 천여 명이 운집한 대규모 집회가 열렸고 수백 대의 차량 시위도 벌였다. 아울러 천여 명을 태운 28대의 버스를 몰고 민주당사를 찾아가서 철회를 요구했다. 그러나 6개월이 지나자 용도변경이 돼 버리고 아파트 건설이 시작됐다. 그 동안의 투쟁 성과라면 대상 면적과 용적률이 대폭 감소한 걸 들 수는 있었다. 저지 운동을 하던 과정에서 포스코개발의 한 간부로부터 제보가 들어온 게 있었다.

"쇼핑타운만 짓게 돼 있는 땅이라 사업성이 불투명해 결국 포기했는데 '대단한 곳'에서 그 땅을 샀다. 뭔가 있으니 알아봐라."

포스코개발이 이 부지의 원 주인이었고 95년 쇼핑타운을 짓기 위해 토지공사에서 1590억 원을 주고 샀으나 사업성이 불투명하다는 이유로 98년 12월에 계약금 280억 원을 포기하면서 계약을 해지한 상태였다. 간부가 말한 '대단한 곳'은 H1개발이었다. H1개발은 99년 5월 24일 계약금 159억 7천만 원(총액 1600억 원)에 이 땅을 매입했다. 이 계약금은 H1개발 홍원표 대표가 28억, 남해건설의 김응서 대표 100억 원과 개인 물주들이 낸 돈이었다. 당시 H1개발은 자본금 1~2억 원에 불과한 회사였고 홍 씨는 자금력이 없는 상태였기 때문에 그 자금줄이 누구냐는 게 의문이었다. 그런데 H1개발의 부지 매입 과정에 뭔가가 있다고 심증을 굳히게 되는 몇 가지 단서를 확보하게 되었다. 메모를 해 보았다.

1. 한국토지공사와 홍원표, 김응서 씨가 99년 5월 24일에 체결한 용지매매계약서를 입수했다. 이 계약서의 특약 사항 중 7항에 '도시 계획 변경 또는 도시 설계 변경 등 행정 기관의 행정 처분으로 인해 현황이 변경되었을 경우, 그에 따르도록 하며 이를 사유로 매매 대금의 조정 또는 계약 해제의 요구 등 이 계약에 대한 어떠한 이의도 상대방에게 제기하지 않기로 한다'는 내용이 들어 있다.

2. 홍 씨 등이 파크뷰 부지를 매입한 무렵인 99년 5월 12일부터 6월 30일까지 10년간 방치돼 있던 178,512.397㎡(5만 4천 평)가 집중

매각된다.

3. 당시는 경기도는 물론, 성남시도 백궁·정자지구의 주거용지 변경이 불가하다는 입장을 견지하고 있던 때였다. 용도변경의 확신이 없어 포스코개발도 포기한 상황에서 수백억 원을 내고 계약을 감행한 것이다.

용도변경이 될 것을 알려줘서 미리 알고 맺은 계약이라는 것을 확신하게 되었다. 곧 이어 그는 99년 2월의 건축법 개정으로 용도 지정 권한은 그대로 도지사에게 둔 채 광역시장과 도지사에게 있던 도시 설계 변경 권한이 시, 군, 구청장 권한으로 넘어간 것도 알게 되었다. 성남시만 마음먹으면 백궁·정자지구의 용도변경이 가능하게 된 것이었다. 그런데 토지공사는 건축법 개정 직전인 98년 10월과 99년 7월 성남시에 용도변경을 요청했다. 그리고 99년 4월에 낸 토지공사의 미매각 토지 목록 홍보 책자에는 미매각 상태인 파크뷰 부지가 제외되어 있는 것이다. 그렇다면 당연히 토지공사도 의심하지 않을 수 없었다. (건축법 개정안은 2000년 2월에 재개정돼 도시 설계 변경 권한이 도지사에게 환원되었다.)

이 사건은 2001년 10월 16일 대정부 질문에서 한나라당 박종희 의원이 이 문제를 정면으로 거론하면서 새로운 계기를 맞게 되었다.

박 의원은 전직 동아일보 기자이고 성남 지역을 취재하던 사람이다. 박 의원은 이 사건을 '제2의 수서 비리 사건'으로 규정하면서 "H1개 발이 용도변경을 통해 얻은 이익은 땅값 2000억 원, 아파트 분양까지 합하면 8000억 원의 차익을 남겼고 그 배후에 여권 실세의 이름이 거 론되고 있다"고 주장하면서 여야 간의 지루한 공방전으로 들어갔다.

2001년 11월, 〈분당 백궁역 일대 부당 용도변경 저지를 위한 공 동대책위(이재명 공동집행위원장)〉는 김병량 성남시장과 성남시 간부들을 업무상배임, 공무상비밀누설, 직권남용, 업무상배임증재, 등의 혐의로 대검에 고발했다. 그리고 김병량 시장도 이들을 맞고소 했다. 사건은 다시 관심권 밖으로 밀려나기 시작했다. 그러다가 구 속 중이던 김은성 전 국정원 2차장의 탄원서가 공개되면서 잊혀 가 던 사건이 다시 수면위로 떠올랐다. 이 사건은 국회의원 선거, 보궐 선거에서 커다란 쟁점이 되었다. 2002년 5월 지방선거를 앞둔 시점 이었다. 이 사건에 다시 세인의 이목이 집중되었다. 이재명에게도 취재진이 몰리기 시작했다.

KBS 〈추적60분〉 피디가 비리에 연루된 성남시장을 고발하기 위해 취재차 사무실로 오겠다고 연락이 왔다. 피디는 검사를 사칭해 서 김병량 시장을 취재하려고 시도하던 중에 그의 사무실에 와서야 전화를 받았다.

"나 수원지검 파크뷰 사건 담당 ○○○검사요. 도와줄 테니 사실대로 말하시오."

　김병량 시장과 사업주의 관계, 검찰 간부들과 사업주 및 김 시장과의 관계 등이 적나라하게 드러났다. 얼마 후 그 내용이 그대로 〈추적 60분〉에 방영되었지만 세인의 관심을 끌지는 못했다. 그는 피디에게 테이프 사본을 받아서 녹취한 후 기자회견에서 그대로 공개했다. 그때에는 기자들의 이목이 이재명 변호사에게 쏠려 있던 때인지라 기자회견 내용은 여지없이 대서특필되었다. 당연히 시장 출마를 앞두고 있던 김병량 시장은 정치적으로 치명타를 입었다. 그는 만회를 노리는 반격으로 '선거법 위반과 공무원 자격 사칭의 공범'이라는 혐의로 그를 고소했다. 그가 〈추적60분〉 피디에게 검사를 사칭하도록 사주한 뒤 무단으로 전화 내용을 녹취했다는 이유였다. 그는 그런 사실이 없으므로 피디가 증언을 해 주면 해명이 될 것으로 생각했다. 추적 60분 피디에게 전화를 했다. 김 시장이 고소한 사실을 아는가 물었다. 피디는 '알고 있다'고 짤막하게 대답했다. 검찰에서 확인 전화가 가면 사실대로 말해 달라고 부탁하고 검찰에 출두하기 위해 집을 나서다가 피디에게 다시 확인 전화를 했더니 그때에는 전화를 안 받는 것이다. 그때 KBS에서 누군가가 전화를 해서 '사건이 불리한 쪽으로 진행되고 있는 것 같다'고 귀띔해 주었다. 만일 피디가 사실대로 증언을 해 주지 않는다면 꼼짝없이 구속될 일이었다. 그는 진실이 밝혀질 때까지 일단 숨어 있어야겠다고 판단 내리고 친구와 함께 차를 빌려 강원도로 향했다. 검찰은 합동단속반을 꾸려서 그와 관련 있는 모든 곳을 압수수색하고 뒤를 쫓았다. 그는 자신의 말처럼 도피 2개월 후 자진 출두해서 일단 11일간 구속된 후 벌금형을 받았고 항소를 거쳐 대법원에 무죄를 주장하며 상고 중이다.

진행 과정에서 이재명 변호사는 다음과 같은 내용으로 유인 및 압박을 받았다.

1. 30배 수익을 가져가는 동업자로 포섭해 근본적인 재갈을 물리려고 시도.

2. 10-20억 원을 들여 지역 신문을 만들어 주겠다. 저지 운동에서 이재명만 손 떼라고 유혹.

3. 이재명과 가족의 신체에 위해를 가하겠다. 특히 아이들을 조심시키라고 위협.

4. 사회적으로 매장시키려는 시도;

2000. 1월 말부터 2월 사이에 일단의 사람들이 '정치꾼', '부모 버

린 패륜아', '재판만 하면 지는 돈만 아는 변호사' 등 온갖 음해성 구호와 선전물을 뿌리며 사무실 앞에서 집회를 했다. 유인물은 그대로 카피해서 지방일간지의 사회면에 톱기사가 되고, 다시 이 기사를 복사한 우편물 수천 통이 성남의 주요 인사와 단체에 발송되었다. 그뿐 아니라 조선, 중앙, 동아 등 주요 일간지에 갖가지 허위 사실을 날조한 유인물 20만 장이 각 가정과 직장에 배달되었다. 거의 3가구 중 2가구에 비난 유인물이 배포되었다. 그리고 그와 동시에 협박 행위는 중단되었다.

이 매장 시도는 상당한 성과를 거두었다. 사건 수임은 거의 끊어졌고, 사람들은 의심의 눈초리로 그를 쳐다보았다. 이들을 명예훼손으로 고소했지만 경찰은 형식적인 조사를 거쳐 무혐의로 처리했고 검찰은 시간을 끌다가 새로운 검사가 온 후에야 불구속 고시를 했다. 결국 관련자는 징역 1년 6개월의 중형을 선고 받고 법정구속 되었다. 그러나 그로 인한 피해를 회복하기는 어려워 보였다. 20만 장의 유인물과 집회, 수천 통의 우편물, 지방 일간지 2개의 보도는 사람들의 인식을 부정적으로 몰고 가기에 충분했다.

이재명 변호사의 조사 성과와 구상에 관한 기록

선착순 분양받은 사람들부터 의심해야 할 것 같다. 분양 시작 3일 전부터 떴다방 업자들이 장악을 한 상태였다. 일반인들은 접근조차 어려웠다. 파크뷰 특혜 분양도 조사해야겠지만 본질은 용도변경 허가에 관한 건이다. 그런데 검찰은 우리와 시청과의 맞고소 건도 조사부에 방치하고 있다. 언론도 그렇다. 취재는 2년 전에 끝났다. 계속 추적했다면 결말이 났을 것이다.

드러난 것은 아직은 조각뿐이다. 수사가 만족스럽지 못할 경우엔 조각을 연결할 핵심 선을 공개할 것을 고려하고 있다. 이 사건은 성남시, 토지공사, 건교위, 국정원 등 여러 기관이 얽혀 있다. 증거나 증인을 아직은 밝힐 때가 아니다. 대통령 아들들 문제를 비롯해 너무 사건이 많아서 공개해도 묻히기가 쉬울 것 같다.

H1개발에 특혜가 주어진 배경을 밝히는 것이 우선이다. 이 부분이 핵심이다. 또 토지공사는 용도변경이 결정 난 뒤에도 토지의 상당 부분을 수의계약으로 매각했다. 입찰을 통해 공급 예정가보다 높은 가격으로 팔 수 있다는 것이 확인됐음에도 그렇게 했다. 이 부분을 밝히면 상당 부분 실체에 접근하게 될 것으로 본다.

국정원의 청와대 보고 문건은 2001년 초에 내 사무실에서 봤다.

내용은 민주당 실세 K의원과 고위층 친인척 K씨, 청와대 파견 검사, 퇴직한 지역 주재 기자, 성남시장 측근이 용도변경에 개입한 의혹이 제기되고 있고 선거(4.13총선)에 영향을 끼칠 우려가 있으므로 재고해야 한다는 것이었다.

문건을 본 뒤 나중에 다시 연락이 왔다. 의혹 대상 인물들 때문에 청와대가 난리가 나서 작성자 색출 작업이 벌어졌다는 것이다. 그러니 절대로 문건을 봤다는 얘기를 하지 말아 달라는 것이었다. 그래서 당시에 이를 공개하지 못했다. 국정원 보고서는 작성자를 노출시키지 않기 때문에 국정원만 입을 닫으면 청와대에서는 작성자를 알수가 없다고 한다. 내 나름으로 청와대에 올라가는 문건 양식을 알아보고 비교해 봤더니 내가 본 것과 일치했다. 그 뒤 백궁·정자 지구 문제가 국정원은 물론 정권 내부에도 갈등의 매개가 됐다는 말을 들었다. 국정원 내의 백궁·정자 지구 조사팀은 올해 초 정도에 해체된 것으로 안다.

백궁·정자 지구 문제에 대응을 하면서 많은 사람을 만나게 됐다. 위 사실들은 국정원 내에서도 용지변경을 반대하는 쪽에서 우리의 신뢰를 얻기 위해 보여준 것으로 생각한다. 용지변경을 반대하는 쪽과 찬성하는 쪽이 있었다.

-오마이뉴스 2002.5.11. 기사 참조

분당 파크뷰게이트 검찰 수사 기록

그러나 다양한 의혹 대상자 중 처벌된 사람은 일부에 그쳤고 몇 몇은 유착 의혹이 있음에도 석연치 않은 이유로, 혹은 운이 좋아서 법망에서 빠져나간 듯 보였다. 구속된 연루자 중 현재까지 수감 중인 사람은 에이치원측으로부터 200만 원을 받은 시의원 한 사람뿐이다.

검찰 조사에서 파크뷰 게이트 연루자들이 쏟아낸 말을 모아 보면 이 사건은 부정부패의 종합백화점으로 기록되어도 좋을 것 같다. 검찰 수사를 통해 정권 실세와의 유착 의혹은 좀더 구체성을 띠는 듯했다. 그러나 이처럼 정치 권력층과 연결된 듯한 징후가 희미하게 나타나는 순간, 검찰 수사는 더 이상 나아가지 않고 멈춰 버렸다는 인상을 준다. 검찰 수사가 끝나게 됨으로써 사실 관계를 유권적으로 확인해 볼 가능성은 크게 줄어들게 됐다.

주인공인 홍원표 회장은 2심에서 징역 3년 집행유예 4년형을 선고받고 출소해 현재 파크뷰 사업 마무리 활동에 전념하고 있다. 홍회장은 기자의 인터뷰 요청을 거절했다.

에이치원개발은 파크뷰 사업을 통해 9000억 원의 분양금 수입을 거둘 예정이다. 내년 6월 성남시 분당구 정자동 6번지 파크뷰아파트에 입주가 시작되면 홍 회장의 에이치원개발은 자체 계산으로 500억 원의 순이익을 남기게 된다. 성남시민모임측은 건축비가 과다 계상됐다면서 에이치원개발측은 3000억 원의 순이익을 남기게 될 것이라고 추산했다. 불법 특혜 분양을 받은 뒤 팔지 않고 있는 수백 세대의 '백 있는' 입주 예정자들도 프리미엄이 올라 상당한 이익을 보게 됐다.

파크뷰게이트는 법을 어겨가며 신도시 구조를 왜곡시킨 대표적 비리 사건이지만 이 사건의 연루자들은 위기를 슬기롭게 넘겨 지금은 큰돈을 벌게 됐다. 파크뷰게이트는 전모를 드러내지 않은 채 목표를 이룬 성공한 권력형 비리 사건으로 기록될 것 같다.

- 신동아 2003년 7월호 참조

여러 경합된 이유가 있었지만 결국 김병량 시장은 낙선했고 수배되었다가 1년 수개월 만에 잡혀서 징역형을 선고받았다.

지방 단위의 부정부패 감시 운동은 지역 토호들의 이권 추구와 직접적으로 상충되는 일이다. 그는 이 사건의 총체적 상황을 일단 보류 상태로 접어놓았다. 정말 건드려야 할 곳을 제대로 건드려서 명백하게 상황을 가리려는 사회 정서가 형성되는 시점에서 다시 가려야 할 부분이라고 생각하기 때문이다.

"언젠가 그런 큰 힘이 주어진다면 그때 가서 이 문제를 다시 펼치기로 하자. 나는 성남에 변호사 개업을 하면서 정한 원칙이 있다. 따라서 그 원칙에 위배된다면 어떠한 조건이라도 타협을 할 수 없다는 건 신념이다. 내가 성남에 개업을 했던 이유도 작은 영역에서나마 꿈을 실현시킴으로써 크게는 사회 전체로까지 꿈을 확장시키고자 했기 때문이다. 내가 법을 공부했고 법률가로서 사회봉사를 하고 있다는 사실은 이 사회가 민주주의 제도를 지키고 더욱 발전시켜 나가는 데에 크게 기여할 것이라고 확신한다. 그러한 사회 활동들은 새 질서가 창립되는 기반이 될 것이다. 나의 소망은 이 땅의 진정한 주인인 개개인이 노력한 만큼의 성과를 보장받는 상식적인 사회이다. '상식이 통하고 부패가 근절된 민주 사회', 이는 듣기만 해도 가슴 뛰는 말이다. 내가 그 어린 나이에 판검사 임용을 물리치고 겁 없이 인권변호사로 나서서 노동운동 인권운동 시민운동을 펼쳐온 이유는 그런 사회가 이룩되는 게 꿈이었기 때문이다."

16

뒤뚱거리는 신천옹

　　2002년 12월 대한민국 제16대 대통령으로 노무현 변
호사가 당선되었다. 경선 과정에서부터 후보 단일화까지 지켜보면
서 이재명은 남다른 감회 속에 있었다. 극적인 흥분과 반전 속에서
결국 노무현 변호사는 대통령이 되었고 이재명은 자신의 길에 확신
과 신념이 더욱 굳건해졌다. 인권, 자유, 정의라는 가치는 민주 실현
의 목적이자 대의였다. 그는 그 일들이 실현되기 위해서는 구체화
된 방법론과 큰 힘이 필요하다는 것을 더욱 깊이 인식하게 되었다.
비록 짧은 기간이지만 구치소에까지 갇힌 사건도 부패한 기득권세
력과 오염된 정치인의 공생관계는 반드시 청산되어야 할 악덕임이

자신에게서 실증되었다는 의미가 컸다. 당연히 그의 투지는 돌이킬수 없는 화염으로 타올랐다. 그래도 모든 일에는 때가 있는 법이었다. 그는 때가 오면 대한민국의 토건비리를 싹 다 밝히고 그들 부패한 카르텔 세력을 섬멸하겠다고 마음을 다졌다. 그랬어도 날조와 왜곡으로 어이없이 뒤집어쓴 오명들은 쉽게 벗겨지질 않았다. 그것도 때를 기다리는 심정으로 하루하루 주어진 일들에 열정을 기했다. 그래도 당장은 상흔이 깊었고 아무래도 그러한 감정으로부터는 빠져나올 필요가 있었다. 그는 마음을 추스르자는 셈으로 난생 처음 장기적인 여행을 다녀왔다.

이듬해 2003년 2월25일에는 노무현 대통령의 취임식이 있었다.

"변호사 해서 굶어 죽은 사람 없어요."

이재명은 그의 말을 굳건히 믿고 사회로 나왔다. 그리고 굶어 죽지 않았고 뜻 있는 일을 했다. 시민사회에 정신적 혁명을 일으키려고 해 왔고 지금도 하고 있다. 수많은 노동자의 힘이 되어 줬고 지역사회에서 정의실현에 이바지했다고 자부했다. 어머니가 생각났다. 소년 이재명이 엄마에게 물었다.

"그럼 회장님보다 더 센 사람은요? 우리나라에서 제일 힘이 센 사람은요?"

엄마는 단호하게 말씀하셨다.

"대통령!"

아이는 엄마의 말씀을 가슴 속에 깊이 묻어두었다.

그런데 황조롱이 노 변호사가 우리나라에서 제일 힘센 사람이 된 것이다. 노무현 대통령의 취임사를 들었다. 취임사에서 가장 크게 들린 대목은 '국민이 주인'이었다. 이재명은 그중 인상 깊었던 대목을 수첩에 적어놓았다.

황조롱이 노 대통령 speech, 제 17대 대통령 취임사 중에서

1. 진정으로 국민이 주인인 정치가 구현되어야 합니다.

2. 반칙과 특권이 용납되는 시대는 이제 끝나야 합니다.

3. 지방은 자신의 미래를 자율적으로 설계하고 중앙은 이를 도와야 합니다.

4. 정직하고 성실한 대다수 국민이 보람을 느끼게 해드려야 합니다.

이재명은 성남 시민 모임의 회원을 보강하며 모임의 활성화에 힘썼다. 성남 시민회를 시대 정신에 맞게 키우겠다는 생각에서였다. 반년쯤 흐른 그해 말, 수정구와 중원구의 성남병원과 인하병원이 폐

업을 한다는 사실을 알게 되었다. 종합 병원 두 곳이 동시에 문을 닫는다면 성남시는 의료 공백 상태가 될 것이었다. 유사시에 시민들은 다른 지역의 병원을 이용해야 될 일이고 그 불편은 적지 않을 게 불을 보듯 뻔했다. 건강은 최우선으로 고려되어야 할 가치이고 의료 지원은 국가가 국민에게 보장해야 할 필수적인 사회적 서비스라는 게 그의 생각이었다.

그는 생활의 좌우명이자 삶의 지혜로 여기고 있는 덕목을 다시 한 번 하나씩 상기해 봤다. 예리함, 신속함, 정확함, 여유로움은 야생을 자주적으로 살아가는 투사인 황조롱이한테서 깨달은 지혜였다. 돌이켜보면 무엇을 판단하고 행할 때마다 자신의 내부에서 구동되었던 의식이나 감각의 메커니즘은 예리하게 간파하고 정확하게 진단해서 방법이 서면 신속하게 행하되 그 모든 것은 근본적 여유를 기반에 깔고 노련하게 행하는 것이다. 이재명은 깊이 생각해 보았다. 파크뷰 특혜 분양 비리는 핵심적 문제까지 밝혀내기에는 힘이 달렸다. 접근 방법이 어설펐거나 잘못되었던 건 아니다. 그런데 검사 사칭을 공모했다는 혐의는 말이 안 되었다. 벌금형이라니 억지였다. 구치소에 11일이나 감금된 사실도 곱씹을수록 유감스러웠다. 다시 또 황조롱이의 지혜에 자신을 견주어 보았다. 여유를 기반에 깔고 움직였어야 했는데 너무 급히 치고 나갔다는 성찰이 되었다.

황조롱이는 사냥감이 움직이기까지에는 섣불리 공격을 안 한다. 그 또한 여유롭게 끈기를 가지고 목표가 사정권 내로 들어오기까지 관망할 줄 알아야겠다고 생각했다. 나아가 그 일에서 역으로 당할 개연성을 늘 산정하기로 마음먹었다. 그러곤 성남의 의료 공백 문제를 어떻게 해결할까 장고에 들어갔다. 그런데 아무리 생각해도 시립병원은 꼭 있어야겠다고 생각되었다. 그는 시립병원을 설립하여 더 나은 공공서비스의 새로운 장을 열자고 스스로 결의했다. 그런 후 10만 서명운동에 돌입하여 밤낮으로 뛰어다니며 사람들을 설득하고 그 필요성과 의의를 역설했다. 그러나 쉽지 않았다. 그래도 어렵게 받아 낸 서명을 토대로 해서 '성남시립의료원 설립 및 운영에 관한 조례'를 발의했다. 대한민국 최초였다.

그러나 이듬해 2004년 새누리당이 장악하고 있는 성남시의회는 개회 47초 만에 이 조례를 부결시켜버렸다. 방청하던 회원들과 함께 그는 시의회 의장과 의원들에게 강력하게 항의했지만 그들은 말로만 듣던 '날치기부결'을 해놓고 슬금슬금 회의장을 빠져나가서 그림자도 없었다. 기득권의 치사한 하수인들이었다. 그는 이와 같이 썩어빠진 관행을 어떡해야 할지, 오간데 없는 정의를 어떻게 다시 세워야 할지 정말 울분이 터졌다. 그는 회원들과 함께 회의장을 점거하고 농성으로 들어갔다. 몇 명이 울음을 터뜨렸고 그 또한 울었다. 선한 뜻과 애쓴 보람이 일순간에 짓밟힌 아픔이 컸고, 발에 물집이 잡히도록 뛰어다닌 기억에 허망함이 밀려들었다.

농성은 오후 5시까지 연장되면서 그 후에 해산하기로 뜻을 모았다. 그런데 어처구니없게도 시의회에서 이재명을 '특수 공무집행 방해죄'로 고발을 한 것이다. 검거되면 구속 가능성이 높았고 자칫하면 변호사 자격까지 날아갈 수도 있었다. 그는 주민교회 건물 지하로 몸을 숨겼다. 주민교회 이해학 목사는 빈민 운동과 통일 운동 등 생명공동체 활동을 하고 있는 분이었다. 화창한 봄날 어두운 지하실에 숨어 있는 처지가 참담했다. 자유의 개념을 규정했던 어린 시절이 떠올랐다.

나에게 자유란 무엇인가?

첫째, 남에게 쥐어터지지 않는 것. 둘째, 배불리 먹는 것 셋째, 자유롭게 다니는 것.

어이없고 기가 막혔다. 전격적으로 트랩에 갇힌 꼴이었다. 보건의료노조 부위원장 정해선 씨가 찾아왔다. 반갑고 고맙고 목이 멨다. 그를 보더니 부위원장은 울먹이기 시작했다. 그가 말했다.

"이대로 주저앉으면 세상은 나아지지 않습니다. 동트기 전 새벽이 가장 어두운 법이죠. 딛고 일어섭시다. 우리가 세상을 바꿉시다."

"어떻게요?"

2004년 때마침 '공직선거법 및 부정선거방지법'이 개정되어 후보자 득표율이 15%가 넘으면 후보자가 지출한 선거 비용을 전액 보전해 주는 것으로 제도가 바뀌었다. 일정 비율 이상 득표에 자신이 있다면 도전해 볼 만하다고 생각되었다.

"세상이 변하지 않는다고 불의를 지켜볼 수만은 없습니다. 시장과 시의회 의원을 바꾸는 겁니다. 개혁해야 해요. 올바르지 않다면 올바르게 바꿔야 해요."

순간 마음이 벅차올랐다. 느닷없이 어떤 기운이 단전으로부터 정수리로 숫구쳤다. 저절로 척추가 곧게 정렬되면서 등판이 곧추세워졌다. 눈이 저절로 감기며 캄캄한 어둠속으로 끝없이 침잠했다. 얼마나 지났을까, 이윽고 서서히 시계가 열리면서 아… 놀랄 일이었다. 펼쳐지는 쪽빛 하늘, 하늘이었다. 마치 천년 전이라도 될 법한 티 없는 하늘이 끝도 없이 펼쳐졌다. 그리고 절벽을 오르는 거대한 새, 신천옹이 있었다. 물갈퀴가 너무 커서 뒤뚱거리는 신천옹의 백색 가슴이 눈부셨다. 앞에는 오직 하나의 길뿐으로 그 길에 소년 이재명이 있었다. 그들은 함께 절벽까지 오를 것이었다. 이윽고 한 마리씩 나타나는 황조롱이, '예리' '정확' '빠름' '여유'…

그는 투사였다. 새로운 세계의 문을 또 연 것이었다. 첫 번째 꿈은 시립의료원 설립이었다. 가다가 길이 막혔다고 포기할 수는 없었다.

2006년, 열린우리당에 입당해서 성남시장 후보로 출마했다. 낙선이다. 2008년, 통합민주당에서 공천을 받고 18대 국회의원 선거에 출마했다. 또 낙선이다.

"처사님은 높이 올라서 멀리 가십시오. 어린 시절의 고난은 크고 무섭습니다. 쉽게 벼랑으로 떨어지거나 뱀상어의 먹이가 되기도 합니다. 날지도 못하는 새가 날아보기 때문이지요. 하지만 그 도전을 안 해서는 안 됩니다. 하다가 죽더라도 살아남으려면 계속 도전을 해야 해요. 그렇게 해서 어깨에 힘을 기르고 겨드랑이의 탁기를 털어 내야 합니다."

2009년 5월 23일, 노무현 대통령의 비보를 접했다. 그는 턱이 반쯤이나 툭 떨어졌다. 그의 시간은 반나절이나 그렇게 흘렀다. 할아버지 나무의 말이 떠올랐다.

"처사님! '그 법'과 '이 법'은 같기도 하고 다르기도 합니다. 그러나 우선은 '그 법'을 따라 가세요. 그리고... 처사님은 황조롱이가 아닙니다. 하지만 법을 따라 가다

보면 진짜 황조롱이가 나타날 거예요. 먼저는 황조롱이의 뜻을 따르세요. 하지만 황조롱이는 멀리 날 수가 없어요. 황조롱이는 때가 되면 스스로 떠날 거예요. 사람들의 염원을 뭉치지 못했기 때문입니다."

"사람들의 염원을 뭉치지 못해서 멀리 날 수가 없었다... 그는 사람 사는 사회를 만들고자 했다. 상식이 통하는 사회, 특권과 반칙이 통용되지 않는 민주 사회를 만들고자 했다. 그러나 사람의 향기가 진동하던 그는 사람들의 뜻을 뭉치지 못했다."

사람들의 염원을 뭉치는 방법은 무엇일까 골똘했다.

"그게 '그 법'과 '이 법'은 다르다 한 '이 법'의 이야기입니다. 허나 우선은 '그 법'을 따르세요. 그러다 보면 '이 법'에 속하게 됩니다. 대신에 매순간 자신을 죽여야 합니다. 철저하게 죽이세요. '나'가 없어지면 '새 세상'이 열립니다. 새 세상을 펼치고 멀리까지 이끌어갈 존재가 신천용입니다.

신천용은 어느 쪽으로도 치우치지 않습니다. '나'는 사라지고 하늘과 연결되었기 때문이에요. 그럼으로써 신천용은 사람들까지 아프락사스에게 인도합니다."

이제는 할아버지 나무의 말들을 모두 이해할 수 있었다. 그는 자신이 세운 목표가 옳다는 확신을 갖게 되었다. 특권과 반칙이 통용

되지 않고 일한 만큼 보상이 주어지는 공명정대한 세상은 민중의 오래된 꿈이었고 그는 알게 모르게 그 활동을 해온 것이다. 그게 할아버지 나무가 말한 "먼저는 그 법을 따라 가세요."의 저절로 된 완성이었다. 그렇다면 이제는 '이 법'의 실현을 위해 자신이 활약할 때가 되었다고 생각했다. 그러기 위해선 '나'가 사라져야 했다. 그는 기꺼이 '나'를 죽이기로 했다. 대신에 그 자리에 '민중'을 넣어야 했다. 이재명은 기꺼이 대의를 위해 민중에게 헌신하기로 결심했다. 그는 모든 전화와 손님을 사절하고 진종일 실내를 서성였다. 메모장을 열었다. 노 대통령을 기억하며 자판을 찍었다.

1. 정책으로 경쟁하는 정치를 해야지 지역으로 대결하는 정치는 절대로 안 됩니다.
2. 성숙한 민주주의 한번 합시다.
3. 참여 민주주의 그거 한번 합시다.
4. 대한민국에 저 같은 정치인도 좀 많이 있으면 좋겠습니다.

그는 굵은 눈물방울을 뚝 떨어뜨렸다. 생각은 더 이상 흐르지 않았다. 메모장을 닫았다. 분향소를 다녀왔다. 황조롱이는 그렇게 떠났다. '사람들의 염원을 뭉치지 못했다'는 할아버지 나무의 말은 여운이 길었다. 그렇게 시간이 흘러서 해가 바뀌고 그는 민선 5기 성남

시장에 도전장을 내밀었다. 2010년이었다.

그는 계란으로 바위를 치는 두 번째 바보였다. 날개와 물갈퀴가 너무 커서 뒤뚱거리다가 손쉽게 잡히는 바보 같은 새. 그는 그 큰 날 개로 새로운 세상의 하늘을 날고 싶었다. 여전히 첫 번째 꿈은 성남 시 공공의료원 건립이다. 그는 옳지 않은 세상을 바꿔야 했다. 결과 는 51.2%의 득표율이었다. 그리고 힘의 대열로 들어섰다. 그에게 정 치란 꼭 필요한 일, 반드시 행할 일을 하게 하는 수단이었다. 그 자체 가 목적은 아니었다.

17

미래에서 날아온 새

국가는 사회 보장·사회 복지의 증진에 노력할 의무를 가진다.

-대한민국 헌법 제34조 제2항

민선 5기 시장이 되어 살펴본 성남시는 악성 부채의 위기 속에서 나날이 빚이 늘어가는 상태였다. 이는 두말 할 것도 없이 전임 시장의 방만한 시정 운영 탓이었다. 그는 고심 끝에 7월에 모라토리엄을 선언했다.

"판교 신도시 조성 사업비 정산이 이달 중 끝나면 토지주택공사

(LH)와 국토해양부에 5200억 원을 내야 하는데 현재 성남시 재정으로는 이를 단기간 또는 한꺼번에 갚을 능력이 안 된다."

그러자 성남시는 재정 자립도가 70%에 육박하는 등 다른 지자체에 비해 사정이 나은 편인데 정치적 목적이 있는 게 아니냐는 맹비난이 쏟아졌다. 그는 조목조목 반박했다.

"전임 집행부가 조례 위반을 해 가면서 편법으로 4년 동안 5000억 원이 넘는 돈을 빼 썼다. LH는 성남시와 판교 개발 사업의 공동 사업자라서 이 자금을 같이 관리한다. 그런데 같이 내야 할 관리비를 LH만 먼저 냈다. LH는 성남시가 이 돈을 빼다가 다른 데 쓰는 것을 알면서도 방치한 것 아닌가! 국토해양부는 이 사업의 감독 상급 기관임에도 사실상 눈감아 준 것 아닌가! 행안부도 지자체로부터 중기 재정계획 등을 받게 되어 있다. 지자체의 엉터리 예산 사용을 막지 않고 4년 동안 뭐 했는가. 이처럼 정부 부처와 LH가 자기 책임을 방기해 놓고서 나를 비난하는 건 말이 안 된다. 나는 전임자의 엉터리 시정에 관한 책임 소지에 대해서도 말하지 않았다. 72세의 은퇴한 분을 공격해서 얻을 바도 없고 정치적 논란의 빌미가 될 수도 있어서였다. 그런데 정치적 목적이 있는 게 아니냐는 건 대체 말이 되는 소린가! 국토부는 성남시가 판교특별회계에 700억 원의 잔액이 있다면서 문제를 부풀리고 있다고 주장한다. 그러면 내년에 국토부가 받을 돈 2900억 원을 안 줘도 된다는 것인가!

　이달 안으로 정산하라고 하는데 그럴 돈이 없으니 행안부가 협조해 달라. 지방채 발행해서라도 갚을 테니 지방채 발행을 허가해 달라. 일각에서는 왜 이렇게 빨리 문제를 꺼냈냐고 하는데, 지금 이 문제를 들고 나온 이유는 주민들에게도 알권리가 있기 때문이다. 또한 지금이 추경 예산을 검토하는 시기이기 때문이고 또 내년 예산을 준비하는 시기이기 때문이다. 지금 논의하지 않으면 내년 예산에서 갚을 수 없게 된다. 5200억 원의 빚을 갚는 계획을 짜야 한다. 국토해양부와 LH에서는 돈을 갚을 시간적 여유를 달라. 그러면 지방채를 발행하든지 해서 갚겠다."

　그런데 부채는 그뿐만이 아니었다. 신청사 건립비 잔금, 판교 구청사 부지 잔금 등을 포함하여 총 7,285억 원의 비공식적인 빚을 지고 있었다. 시청 청사를 볼 때마다 하품이 나왔다. 정부 기준에 따르면 성남시는 청사 규모를 반 이하로 줄여야 했다. 청사를 매각하면 사실상 복지 사업 등 주민이 원하는 사업을 하기 위한 재원 확보 차원이 아니라 빚 갚는 데 다 쓰게 생긴 것이었다.

　이상이 전임 시장에게서 물려받은 환경이었다. 그러나 그는 기존 사업을 축소하고, 자산 매각과 지방채 발행을 하는 한편 체납 세액을 적극적으로 환수하고 전시성 예산을 축소했다. 이러한 긴축 경영 속에서 부채의 합리적 조정과 연기를 통해서 매년 1500억 원의 부채를 청산해 나갔다. 재정을 축소, 긴축하고 예산을 삭감하는 데에 일체 항의 없이 협조하고 지지해 준 성남 시민은 위대했다.

마침내 2013년 말에는 재정 건전성을 회복하여 모라토리엄을 졸업하게 되었다. 그러고도 복지, 교육, 문화 예술, 체육 분야의 예산을 괄목할 수준으로 증가시켰다. 성남시의 모라토리엄 선언은 다른 지방자치단체와 중앙 정부의 재정 운영에도 경각심을 불러일으켰다. 정부도 '지방 재정 위기 사전 경보 시스템'을 도입하게 되었다. 그리고 성남시는 2013년 이후 3년 연속 '지방자치단체 재정 분석 종합 평가 우수기관'에 선정되었다. 모라토리엄 졸업과 복지 정책으로 성남시는 일약 벤치마킹 도시로 떠올랐다. 마침내 성남 시민들의 믿음이 승리한 것이었다. 그 또한 마음속에 커다란 자신감이 생겼다. 부정부패를 없애고 세금을 공정하게 징수함으로써 지방 재정이 안정될 수 있다는 것이 확인되었기 때문이다.

다 자란 늠름한 황조롱이들은 마음속의 하늘을 맘껏 누비고 있었다. 그는 크게 한번 기지개를 켰다. 떠나간 노무현 대통령이 떠올랐다. 퇴임하던 날 한껏 웃으면서 '하고 싶은 말을 한번 해도 좋겠나?'고 묻던 그 얼굴이 생각났다. 그의 웃음은 항상 보는 사람을 절로 행복하게 만들었다. 노대통령은 마이크 앞에서 큰 소리로 외쳤다.

"야...! 기분 조오타!"

아... 그러나 비록 함박웃음을 짓고는 있어도 홀가분함을 외치던 그의 얼굴 속에는 비애와 비탄이 서려 있었다. 웃고는 있어도 그는 슬퍼 보였다. 돌아간 봉하마을에서 그는 '이제는 꿈이 사라졌다'고 슬프게 슬프게 읊조렸다. 누구보다도 타인의 아픔과 슬픔에 본능적 이해를 갖고 있는 그는 진정으로 노무현을 이해할 수 있었다.

내가 알고 모르고 이런 수준이라는 것은...

이미 의미가 없어. 다 내 불찰이야.

나는 봉화산 같은 존재야. 산맥이 없어.

이 봉화산이. 큰 산맥에 연결돼 있는 산맥이 아무 것도 없고

딱 홀로 서 있는 돌출돼 있는 산,

여기 새로운 삶의 목표를 가지고 돌아왔는데

내가 돌아온 것은...

이곳을 떠나기 전의 삶보다 더 고달픈 삶으로 돌아와 버렸어.

각을·세우고 싸우고 지지고 볶고 하는 정치 마당에서

이제 해방되는구나 하고 돌아왔는데

새로운 일을 좀 해 본다는 것이었는데...

내가 옛날 여기 살 때

내 최대 관심사가 먹고사는 것이었어. 배고프고...

먹고사는 것이었어.

근데 그 뒤에 많은 성취의 목표들이 바뀌어 왔지만,

쭈욱 바뀌어 왔지만,

마지막에 돌아와서도... 또 새로운 목표를 가지고 돌아왔는데

지금 딱 부닥쳐 보니까

먹고 사는 데 급급하던 한 사람, 그 수준으로 돌아와 버린 것 같아.

어릴 때엔 희망이 있었지만 지금은 희망이 없어져 버렸어.

    슬픈 황조롱이 노무현, 할아버지 나무의 말은 옳았다. 그가 그렇게 떠날 수밖에 없었던 건 사람들의 마음이 덜 뭉쳐졌기에 그 마음이 하늘로 닿질 못해서였다.

    순간, 소년 이재명이 축융봉에 서 있다. 병풍 같은 각각의 절벽은 우뚝한 봉우리로 솟아 있고, 맥을 이룬 봉우리가 굽이굽이 이어져 냇물처럼 축융봉으로 흘러든다.

    "아... 아름답고 장엄한 청량산!"

    황조롱이의 축융봉은 주봉인 장인봉으로부터 선학, 자란, 자소봉으로 이어져 맥을 이루며 탁필, 연적, 연화, 향로봉을 지나서 몇 개의

봉우리를 더 거친 후 그 모든 봉우리를 바라보며 솟아 있다. 소년은 걸핏하면 축융봉에 올라서 봉우리를 하나씩 헤아렸다.

그날도 축융봉에 올라가서 청량산의 봉우리를 세고 있었다. 선학봉, 자란봉, 연화봉, 자소봉, 금탑봉... 하나 둘 세고 있다가 또 황조롱이를 만났다. 소년은 감격의 그 날을 잊을 수가 없다. 그때 소년은 새보다 더 높은 곳에 있었다.
그날의 황조롱이는 단 한 번의 날갯짓도 없이 공중에 떠 있었다.

하나 두울 세엣... 그리고 금탑봉을 끝으로 12번째는 축융봉을 밟고 서 있는 어린 소년의 발등이었다. 그는 경주 여행을 다녀온 후 자신은 고립되었다고, 유배당한 거라고 생각했다. 그러나 장인봉으로부터 굽이쳐 온 산의 정기는 소년의 발등으로 들어와 정수리를 타고 하늘로 이어질 것이다. 이재명은 할아버지 나무를 생각했다, 신천옹은 도전으로 역경을 헤쳐 가며 날갯죽지의 힘을 길러 마침내는 폭풍 속에서 활공을 할 것이다.

"나는 봉화산 같은 존재야. 산맥이 없어."

그는 그의 고독과 슬픔을 가슴속에 간직했다. 그의 마음속에서 노

대통령은 미래로부터 날아서 장인봉을 타고 선학봉 연화봉을 지나서 축융봉의 어린 소년에게 날아온 황조롱이라고 정했다. 그리하여 어린 소년은 그 황조롱이로부터 네 개의 지혜를 건네받았던 거라고 정해 버렸다.

실제로 이재명은 자신의 뜻마다에 황조롱이의 뜻을 새록새록 섞어 가면서 일을 해 왔다. 행하는 일마다 그 바탕에는 신명나는 사회를 만들자는 뜻이 있었고 '일 년에 반만이라도 성남 시민을 웃게 만들자'는 목표가 있었다. 그리하여 그는 3대 무상 복지 정책을 마련했다. 그러자 일부에서는 성남시의 3대 무상 복지 정책을 두고 비난을 하고 나섰다.

그때 중앙 정부에선 각 지방자치 단체가 각자의 예산으로 시행하고 있던 각종의 복지 정책을 일괄적으로 폐지할 것을 강요하고 있었다. 독재 정권의 특징이었다. 전국적으로 약 1500개에 이르는 정책에 수혜자가 645만 명에 예산은 거의 1조 원에 이르는데 그 엄청난 규모의 복지 정책을 중단하겠다는 건 국민이 누려야 할 수혜를 없애 버리겠다는 뜻이었다. 그건 정말 말이 안 되는 일이었다. 그러므로 헌법에 기초하여 어긋남이 없을 때에는 그 어떤 압력과 견제 조치에도 굴할 수는 없었다.

"대한민국은 민주주의 국가이고, 민주주의를 떠받치는 두 개의 고유 시스템은 삼권분립과 지방자치제도이다. 지방자치단체가 사업을 잘하여 수입을 크게 내서 그 안에서 가용 가능한 자금으로 복지 정책을 펴는 건 단체장의 의무라고 판단한다. 중앙 정부는 무슨 권리로 이를 막는가!"

그는 광화문에서 무기한 단식 농성을 시작했다. 또 목숨을 건 것이다. 결국 높은 분들이 중재하고 만류하면서 합의점을 이끌어내 준다는 약속을 받고서야 11일 만에 단식 농성을 중단했다. 그는 이미 빚을 갚고 나서 확보된 가용 예산으로 노인 일자리 사업을 포함한 노인 복지 예산을 대폭 지원했고 장애인 예산은 두 배가 넘도록 증액했다. 그뿐 아니라 출산 보육·육아 지원에도 막대한 금액을 지출했다. 또한 가장 취약 계층으로 떨어져 버린 청년들을 위해서는 200억원이 넘는 예산을 '성남 사랑 상품권'이라는 지역 화폐로 지급하기로 했다. 미래를 짊어지고 나갈 청년들에게 지급하는 선투자였다. 청년들은 그 돈으로 일자리도 알아보고 문화비로도 사용하면서 창의적으로 자기발전을 도모할 것이고 소비될 지역 화폐는 성남시의 골목 상권을 활성화시킬 것이다. 유사 상인 연합회 임원들이 방문하여 좋은 반응을 보였다.

"상품권으로 복지 지출을 하는 걸 더 확대해 주세요. 성남시의 복지 정책을 지지합니다!"

무상 교복은 준비가 덜 되어 현금으로 지원했지만 성남 지역 내의 생산 협동조합을 통해서 조속히 현물로 공급을 할 계획이었다. 그리되면 성남 지역의 교복 생산업자와 노동자와 재료 공급자들은 또 다른 일자리와 상업 활동의 기회를 얻을 것이었다. 한편으론 저출산 극복을 위한 출산 지원 사업을 시행하기 위한 조례 마련을 위하여 의회와 토의 중이었다. 그런 일들이 그가 하는 정치였다.

예리하게 정확한 판단을 내려서 신속하게 추진하고 여유를 누리는 것!

그러면서 8년여의 세월이 흐르고 시장 재선에 성공했기에 이룰 수 있는 일이 많았다.

모든 일이 시민과 한 마음이 되었기에 이룩된 것이다. 그 출발선에 힘없고 억눌린 사람들을 위하여 몸을 아끼지 않는 햇병아리 인권변호사가 있었고 성남 시민과 함께한 시민운동이 있었다. 그는 메모장을 열고 그동안 열정을 바쳐서 이룩한 일들을 훑어보았다. 시민 개개인의 함박 같은 웃음이 둥글게 떠올랐다.

1. 성남시 공공공사 원가 공개, 시장 기준 가격 적용으로 공사비 8% 절감, 2015년 74억 원 절약

→ 대한민국 전체 공공공사 23조 원가 공개(시장 기준 가격 적용 시 1조 6천억 원 혈세 절약 가능)

2. 깔창 생리대 사연 접하고 공론화 및 기초 생활 수급 청소년들에게 생리대 지원 사업 진행

→ 자극적인 사업이라고 기존 정치인에게 손가락질 당하면서 현재도 꿋꿋하게 SNS 홍보 중

3. 성남시장 당선 후 9층 전층 시장실을 2층으로 옮기고 기존 시장실은 북카페 설치

→ 성남시 유치원, 초등학생들이 수시로 견학 와서 시장의 책상과 의자를 점유

4. 민선 3, 4기 전임 한나라당 시장의 악성 부채 6,765억 원 대부분 상환

→ 성남시가 전국 최고 부자 도시로 명성을 날림

5. 성남시 부정부패 근절, 시장실 CCTV설치

→ 친인척 청탁 근절

6. 성남시 달동네에 3,100억 원 규모 초현대식 성남시립의료원 건립

→ 메르스 같은 전염병 예방을 위한 음압병상 완비, 최고 진료를 최저 비용으로 제공 예정

7. 성남시 전역에 장난감 도서관 10개 운영(아이사랑 놀이터)

→ 유아 장난감을 빌려 주는 공공 키즈놀이터 운영

8. 제2 NHN사옥, 두산그룹, 제2 판교테크노밸리, 서울대학교 헬스케어 혁신 파크 등 기업 유치

→ 임기 내 성남시에 1천 개 IT, 바이오 첨단 기업 유치 목표

9. 청년 배당 진행! 성남시 3년 이상 계속 거주하는 만 24세 청년 전원에게 50만 원 지급

→ 박근혜 정부 반대로 연 100만 원에서 50만 원으로 축소, 헌법 재판 중

10. 성남시 공공산후조리원에서 2주간 무상 산후조리 추진, 민간 산후조리원 이용시 50만 원

→ 대한민국 출산율 1. 187 이대로 가면 국가 경쟁력 심각한 타격, 특단의 조치 필요

11. 2016년 중학교 신입생 무상 교복 지원금 지급 완료

→ 박근혜 정부의 집요한 반대와 비난에도 시민 이익에 직결된 사항은 무조건 집행

12. 성남시 초등학교 35곳에 무료 문방구 설치(학습 준비물 센터)

→ 학교 교육 교재 색종이, 도화지, 사인펜, 주사위 등 3680개 품목 무료 지원

13. 전국 최초로 빈 교실에 시립 지역 아동 센터 설립

→ 저소득 가정 아동, 방과후 학교에서 오후 8시까지 돌봄 예정

14. 성남시 아파트 주거 환경 개선에 53억 원 투입

→ 옥외 놀이터 보수, 도로 가로등 보안등 주차장 유지 보수 등 공동 주택 지원

15. 보도블록 정비 시 블록 전체를 교체 공사는 지양, 폐보도블록 재활용 지침 마련

16. 성남판 1박 2일 시민 캠핑 숲 조성(수정구), 분당구 율동공원 1개소 추가 설치 추진

17. 성남 시민 순찰대 시범 실시(안심 등하교, 택배 보관, 생활 공구 대여) 영화 '홍반장' 임무 수행

→ 시민 인기가 너무 폭발적이라 성남시 새누리당 반대로 2017년 예산 전액 삭감

18. 재벌과 기득권층의 이익을 위협하는 정책 추진으로 주기적으로 검찰에 소환

→ 검찰 소환 때마다 국민 인기 높아져 2016년 11월 기준 대선지지율 10% 근접

19. 매일 새벽까지 SNS로 접수된 국민 민원 수십 건 직접 답변.

→ 유사시 가장 빠른 입장 표명

20. 성남시 모든 초등학교 '치과 주치의' 도입

→ 성남 지역 72개 모든 초등학교 4학년 8천여 명 치과 진료비 지원

21. 성남시 60~64세도 무료 독감 접종 시행

→ 국가에서는 65세 이상 노인만 무료 독감 접종 시행

23. 성남시 매년 3000여 명 노인들에게 소일거리 사업 지원

→ 환경 정비, 실버 금연구역 지킴이, 반려견 계도, 복지 도우미, 경로당 급식 도우미 등

24. 하루 3천 명 이용 가능한 전국 최대 규모 판교 노인 종합 복지관 건립

25. 전국 최초 친환경 무상급식 실시, 시립 유치원·초·중학교 201개교 지원

26. 성남시 모든 시내버스 '공공 와이파이' 서비스 실시

27. 성남시 모든 시민 대상으로 자전거 보험 서비스 제공

28. 분당~수서 고속화도로에 1.9km 구간에 방음 터널 설치하고 상부에 녹지 공원 조성

29. 성남시청, 호주 등 국내외 소녀상 설치 운동 동참

30. 2016년 11월 현재까지 매일 세월호 추모 노란 리본 가슴에 부착

→ 성남시청 벽면에는 초대형 세월호 추모 노란 리본 현수막

(참조 https://blog.naver.com/choima01/220903536039)

그가 살고 싶은 삶은 모두에게 필요한 일을 하는 삶이다. 그는 메모를 하나 더 추가했다.

"정부는 국민 모두가 공평한 출발 구도에서 선의의 경쟁으로 자신의 삶을 창조할 수 있도록 룰을 정하고, 그에 걸맞은 국가 행정을 전개하여 불평등 구조를 해소시킬 수 있어야 한다. 그리하여 모두가 불만 없이 더불어 잘사는 행복 사회를 만들 수 있어야 한다. 국민 복지는 정치를 하는 사람들의 이념과 마음의 기반이자 목적어야 한다."

18

'나'는 사라지고 '민중'

　　2017년 1월 23일 오리엔트시계 공장. 소년공 이재명의 후각을 반 이상이나 손상시킨 바로 그곳에서 이재명은 19대 대선 출마 선언 연설을 했다.

　　오리엔트시계 공장은 늦으나마 처음으로 자신의 이름을 쓸 수 있었던 공장이다. 그리고 그곳에서 대입 검정고시를 1년 만에 패스했다. 그는 자주와 자유를 찾아서 길을 놓으며 달려왔다. 길은 길을 찾는 사람 앞에 놓이는 법이고 길에는 항상 닫 문이 있었다.

　　"문은 열라고 있는 문입니다. 굳게 잠겨 있다고 그냥 돌아서면 안 되죠. 문은 항상 열고자 하는 사람을 기다리고 있어요. 열릴 준비를 마쳐 놓고 있다니까요! 두드리세요. 두드려야 합니다."

"길이 안 보인다고요? 그럼 길을 놓으세요! 대신에 나만을 이롭게 하는 길은 공고하질 못해요. 더불어 살되 모두가 행복해질 목표를 세워서 길을 놓으세요. 그러면 자연이 도와줘요. 혼자 힘으론 안 됩니다. 하늘의 도움이 있어야 해요. 하늘은 하늘과 땅이 공존할 수 있는 환경 속에서만 길을 만듭니다. 그렇지 않으면 그 길은 파괴되고 말아요. 역사를 보세요. 번영은 모두가 함께 사는 세상, 억울한 사람이 없는 세상에서만 그 길이 탄탄했습니다."

배고픔을 달래려고 계곡에 웅크리고 앉은 조그만 소년은 큰 가재를 잡고는 행복했다. 큰 가재는 구워서 엄마를 드시게 할 생각이었다. 엄마는 가재가 고기라고 했다. 소년은 휴일마다 밭일을 도왔다. 엄마 혼자 힘드신 게 안쓰러워서였다. 그리고 참꽃과 계곡물로 배를 채웠다. 종아리와 손목이 앙상하던 조그만 소년은 축융봉의 호연지기를 끌어와 가난하고 고달프던 성남시로 이었다. 그러고는 성남 시민의 머슴이 되어 버렸다. 이제는 더 큰 머슴이 되기 위한 날갯짓을 하고 있다. 할아버지 나무는 중지하지 말라고 했다. 마음속의 하늘에는 '예리' '정확' '빠름' '여유' 네 마리의 황조롱이가 청청 깨어서 소년을 수호하고 있었다. 신천옹, 바보 새는 물갈퀴와 날개가 너무 컸다. 바보 새는 쉽게도 뒤뚱거렸고 쉽게도 넘어졌다. 구경하는 사람들은 돌팔매질을 했다. 치료받지 못한 상처는 흔적으로 남았다. 그래도 바보 새는 중지할 수 없었다. 바보 새는 황조롱이의 뜻을 하늘로 연결해야 했다. 모두가 웃는 세상, 신명나는 세상을 열어야 하기 때문이었다.

"국민 여러분!

이곳은, 12살부터 어머니 손을 잡고 학교 대신 공장에 출근하던 빈민 소년 노동자의 어릴 적 직장입니다. 바로 여기에서 저는 힘겨운 노동에 시달리던 그 소년 노동자의 소망에 따라 대한민국 19대 대통령선거 출마를 여러분께 알립니다."

어머니는 방청석에 앉아 있었다.

"점밭이가 그랬다. 너는 크게 된단다!"

소년은 힘이 세지고 싶었다. 더는 매를 맞고 싶지 않았다. 준비물을 못해 가면 매도 맞고 재래식 화장실의 똥통도 치워야 했다. 일을 하다 보면 오물이 손에도 묻고 얼굴에도 튀기곤 했다. 소년은 계곡물에서 깨끗이 씻고 집으로 갔다. 친구들은 깨끗한 변소를 사용할 수 있었다.

"이재명이 만들고 싶은 나라는 아무도 억울한 사람이 없는 공정한 나라입니다. 저는 '이재명식 뉴딜 성장 정책'으로 함께 잘사는 경제를 만들 것입니다."

사실 허기를 몸으로 겪어 본 사람만이 굶주림의 실상을 알 일이었다. 소년공 시절에 그는 한 달 용돈이 50원이었다. 그 돈을 아끼기 위해서 노동으로 지친 몸을 이끌고 학원까지 걸어 다녔다. 당시 차비는 20원 정도였다. 그러곤 그 돈을 수년 간 모아서 엄마에게 오리엔트 시계를 선물했다.

처음으로 시계를 갖게 된 엄마는 또 눈물을 흘린다. 엄마는 여전히 점바치 말을 한다.

"재명아 내가 어떻게 이렇게 아이고 이렇게 귀한.... 아이고... 내가 시계라는 거는 처음 가져본다, 어떻게... 아... 참말로 이거 너무나 멋지구나, 아주 귀하고 좋아 보인다, 이게... 이런 게 보석 아니냐! 너는 크게 될 거다. 점바치가 말했다. 아암... 크게 될 거다!"

엄마는 시계를 손목에 걸지도 못하고 두 손으로 감싸서 가슴에 대었다 볼에 대었다 어쩔 줄을 몰라 한다.

"엄마, 그게 보석은 아니고요, 그냥 사치품이에요."

엄마는 그건 귀금속이고 보석이라고 우긴다.

"내가 이 시계는 중하게 보관했다가 이담에 니 색시한테 물릴 것이다!"

바로 그 자리, 오리엔트시계 공장에서 이재명은 연설을 이어나갔다. 어떻게 하면 가난을 탈출할 수 있는가가 시정 운영에서도 화두였다. 당초부터 7,285억 원의 비공식적 부채를 물려받고 출발한 성남시였다. 이재명은 지난 수년 간 국가 경영을 어떻게 해야 부강한 나라가 될까를 화두로 삼고 살아왔다. 답은 이미 실증적으로 시정 운영에서 찾았다. 과도한 사업을 벌이지 말고 꼭 필요한 일을 하며, 부정한 일을 물리치고 부패를 근절시키고, 세수입을 늘리는 것으로도 3년 6개월 만에 모라토리엄을 졸업했고, 시민들을 위한 복지 혜택을 늘렸다, 참으로 큰 공부였다.

잘못된 관행을 근절시키고, 부당한 압력에 맞서서 필요한 제도를 정착시키는 일은 꼭 필요한 일이었다. 그런 후 그 위에 국가 간의 관계와 급변하는 시대를 선도할 연구가 적극적으로 수행되어야 한다고 생각했다. 자라나는 새싹을 위한 전폭적 지원과, 청소년을 위한 교육 및 환경 지원, 그리고 노인들의 일자리 창출과 삶의 질을 높이는 것 또한 정치에서 공급되어야 하는 일들이다. 그리고 출산율을 올리기 위한 정책과 의료 지원 등, 이것은 사람살이에 근본이 되는 일이다.

"노동을 탄압할 게 아니라, 노동자 보호와 노동 3권 신장, 임금 인상과 차별 금지로 일자리의 질을 높이고 장시간 노동 금지로 일자리를 늘려 노동자의 몫을 키우고 중산층을 육성하면 경제가 살아납니다."

일반적으로 산업이 혁신적으로 발전을 하게 되면 대부분의 일이 고급 인력과 테크놀로지로 커버되기에 감원 사태가 일어나게 되는 법인데 그런 부분에서도 그는 생각이 달랐다.

"근무 시간을 줄이고 일자리는 유지시켜서 삶의 질이 향상되면 더욱 더 창의적인 일에 몰두할 수 있게 된다. 그것은 미래 산업의 재원이다."

정치인은 시민 대중을 위해서 고뇌할 일이라고 그는 생각했다. 그러나 역사적으로 보아도 대부분의 권력가가 권력을 유지하는 일에만 골몰했다. 할아버지 나무의 말이 떠올랐다.

사람들은 누군가를 기다려 왔습니다. 오늘일까 내일일까 하면서도 지금이 아니라면 그 누군가가 어디선가 하늘의 수업을 혹독하게 받고 있기를 요망했어요. 그래야 장래에 사람들의 뜻을 이룩할 힘을 갖출 테니까요. 처사님에게 크나큰 시련이 있었다면 그건 사람들의 뜻이었음을 알아채십시오.

시련을 겪어 냈다면 기뻐하세요. 사람들이 처사님을 머슴으로 쓰게 될 것입니다. 그때에는 사람들의 뜻에 의한 일들이 펼쳐지게 됩니다. 그런 흐름을 자연이라고 하지요. 그리고 자연은 곧 법입니다. 마음방은 그러한 이치를 따르다 보면 저절로 넓혀집니다. 그게 '그 법'과 '이 법'은 다르다 한 '이 법'의 이야기입니다. 허나 우선은 그 법을 따르세요. 그러다 보면 이 법에 속하게 됩니다. 대신에 매순간 자신을 죽여야 합니다. 철저하게 죽이세요. '나'가 없어지면 '새 세상'이 열립니다. 새 세상을 펼치고 멀리까지 이끌어갈 존재가 신천옹입니다.

'나'를 죽이는 일. 그는 '나'를 죽이고 '나'가 있어야 할 자리에 시민 대중을 심었다. 그러나 끊임없이 도전하고 상처 받고 다시 일어나야 하는 신천옹은 아직은 날 때가 아니었다. 대선 후보 경선은 20%의 득표율로 최종 3위에 그쳤다. 큰 공부를 한 셈이었고 영광스런 도전이었다.

2018년 3월에는 지방 선거에서 민선 7기 경기도지사 선거에 출마했다.

'새로운 경기를 위해 도지사 선거 출마를 선언한다. 구태 기득권 세력으로부터 경기도를 탈환하겠다. 경기도는 최고의 잠재력을 가진 최대 지방 정부지만 경기도의 정체성도, 경기인의 자부심도 찾기

어렵다. 경기는 서울의 변방이 아니라 서울과 경쟁하며 대한민국을 이끌어가는 대한민국의 중심이 되어야 한다'는 취지의 선언이었다.

당선이었고 경기도지사로서 전보다 훨씬 큰 확장성을 갖게 된 것이다. 그는 특권과 반칙을 통해서 노력과 성과물을 소수가 다 빼앗아가는 비정상적인 나라가 아니라 모두가 기여한 만큼의 몫을 누리는 공정한 나라를 만들고 싶었다. 그러나 그런 나라를 만들겠다던 그 누구도 그런 나라를 만들지는 못했다. 이제는 참으로 공정한 나라, 공평한 기회가 부여되는 나라로 바뀌어야 한다고 생각했다. 하지만 특권과 반칙을 통해서 소수 기득권층이 막대한 수혜를 누리는 토건 비리와 정경 유착의 뿌리를 뽑지 않는 한 공정한 세상은 요원했다.

파크뷰 특혜 분양을 폭로한 후 검사 사칭 공범으로 구속된 지난날을 돌이켜 보았다. 그 일은 말도 안 되는 누명이었고 거대 기득권층을 건드린 새파란 변호사이자 시민운동가인 이재명의 날갯죽지를 부러뜨리려는 어떤 기획된 구도라고 확신했다.

"기어이 그 문제의 전모를 명백하게 밝히고야 말리라. 토건 비리의 문제를 근본적으로 해결하지 않는 한 공정도 공평도 어림없는 일이다. 대한민국의 성장을 가로막는 가장 큰 문제는 부동산 불로소득이다. 그것이야말로 불공정 불합리의 산물이자 불균형의 근본적 원인이다. 부동산 공화국을 탈피하고 불로소득을 최소화하는 것은 지체할 수 없는 시대적 과제이다. 공적 권한을 사용해야 할 최우선 순위를 꼽으라면 바로 이 문제가 1순위이다."

그러나 토건은 원래 자신의 얼굴도 목소리도 드러내질 않는다. 언론과 수사기관을 통해서 거추장스러운 대상을 제거할 뿐이었다.

2018년 7월 21일 SBS에서 절묘하게 편집된 다큐 영상이 방영되었다. 방송은 정확한 근거를 제시하지 못한 채 '이재명은 조폭을 도와주는 변호사이고 그 뒤에는 국제 마피아가 배경으로 있다'는 이미지를 합성해 내고 있었다. 근거를 제시할 수 없으니 후반부는 드라마로 흐를 수밖엔 없었다. 그러나 시청자는 시각적 효과에 경도되게 마련이었다. ('그것이 알고 싶다, 1130회' 참조)

며칠 후 7월 25일 소설가 장정일은 한국일보에서 위 영상에 대해 첨예한 논평을 올렸다.

"지난 일요일 오전, 전날 저녁에 방송된 SBS '그것이 알고 싶다: 권력과 조폭' 편을 보았다. 방송을 보고 나서 하루 종일, '무섭다, 무섭다'라는 말만 되뇌었다. 과장이 아니다. 이튿날, 노회찬 의원의 부고를 접했다. '그것이 알고 싶다'가 언제 노회찬 의원에게 부당한 경력 단절을 안겼던 삼성 X파일에 대해 다룬 적이 있었던가.

이번에 방영된 '권력과 조폭'은 작년 7월 방송된 '청춘의 덫 — 파타야 살인사건'의 후속편이다. 태국에서 일어난 파타야 살인사건은 2015년 11월, 임동준 군이 불법 도박 사이트를 운영하는 조폭 김형진에게 구금되어 있던 중 폭행으로 숨진 사건이다. 유력 용의자인 김형진은 28개월 동안의 도주 행각 끝에 올해 3월 베트남에서 검거되어 한국으로 송환됐다. 여러 가지 정황 증거와 증언이 있는데도 김형진의 기소장에는 살인과 사체 유기 혐의가 빠졌다. '권력과 조폭'은 검경의 비호 의혹과 아울러, 김형진 배후에 성남 국제 마피아파와 이들이 합법적으로 운영하는 기업 코마트레이드가 있다는 것을 밝혔다. 여기까지의 내용이 80분간 방영된 이 방송물의 전반부다.

후반부는 성남 국제 마피아파와 코마트레이드 사이의 연관성을 캐던 중에, 이재명 전 성남 시장이 국제마피아파와 연루·유착된 사실을 발견했다고 주장한다. 그러나 이 폭로물이 이재명과 국제 마피아파 사이의 연루·유착 근거라고 제시한 것들은 모두 허약한 가정과 고의적인 왜곡에 기초하고 있다. 예컨대 인권 변호사는 조폭의 무죄를 확신해야만 변호를 맡을 수 있는 것이 아니라, 조폭에게도 인권이 있다고 믿기 때문에 사건을 수임하는 것이다.

정작 이 방송물의 문제는 기본을 확실하게 챙기지 못했다는 데에 있지 않다. 이 방송물이 무서운 것은, 김형진을 비호하는 배후로 이재명을 연상할 수 있도록 서사가 조작되었다는 것이다. 탐사 보도물의 연출자는 자신이 캐낸 증거와 논리로 스스로를 증명해야 한다. 그러나 '권력과 조폭'은 자신이 갖추지 못한 증거와 논리를 영화에 의탁한다. 이 탐사 보도물에 따르면, 이재명이 국제마피아파 조직의 일부이고 국제 마피아파와 공생해온 증거는 고스란히 영화 '아수라'에 들어있다. 이렇게 해서 이재명은 황정민이 되었다. 이처럼 허술한 탐사 보도가 가능한 것은 제작자들이 시청자와 대중을 우습게 생각하기 때문이다... (하략)

　　　　　　　-부실한 보도에도 공적 가치가 있다? 2018.07.25. 11:14

　　이어 한 달 뒤 8월 25일 〈미디어 영상〉의 장슬기 기자는 칼럼을 통해 일갈했다.

　　"74분짜리 이야기를 보고 나면 이 지사는 '살인 사건을 일으킨 조폭 조직을 변호하고 특혜를 준 사람'이 된다... (중략) 그알은 이 지사가 성남 국제 마피아와 결탁해 살인 사건 용의자를 풀어 주도록 부당한 압력을 수사 당국에 행사했거나, 역으로 성남 국제 마피아가 이 지사의 권력을 이용해 특별한 이득을 취한 증거를 제시해야 했다. 이 지사가 어떻게 성남시를 움직여 조폭에게 특혜를 줬고, 이 과정에서 이 지사가 얼마나 개입했는지 가늠할 만한 증거도 내놨어야 했다... (중략) 증거가 없으니 방송은 드라마로 흘렀다. 그알은 성남 국제 마피아 조직원들이 기소된 사건에서 낯익은 이름을 발견했다며 변호사 이재명의 이름을 클로즈업했다. 진행자 김상중 씨가 이마를 부여잡으며 "아... 조금 당혹스럽습니다."라는 연출까지 보여줬다. 이재명이 인권 변호사 출신인데 뒤에서는 인권을 말살한 조폭을 돕고 산다는 '이미지'를 만들어 내는 장면이다. (하략)"

— 미디어오늘(http://www.mediatoday.co.kr)

SBS의 대주주는 SBS미디어홀딩스로서 36.9%의 지분을 갖고 있다. 그리고 SBS미디어홀딩스의 대주주는 지분 62.3%의 TY홀딩스이다. TY홀딩스는 태영건설에서 비롯된 회사이다. 건설 자본이라는 뜻이다. SBS와 긴밀한 네트워크로 구축된 지역 민영방송인 kbc광주방송은 호반건설, UBC 울산방송은 삼라, CJB청주방송은 두진건설, 강원민방G1은 SG건설이 상당한 지분을 지니고 있다. 이 그물 같은 짜임새와 이재명을 왜곡·조작하는 얼개미들이 어떤 함수를 지니며 방정식을 그려 내는지는 어렵지 않게 유추할 수 있었다.

그런 일들이 전부가 아니었다. 그가 하는 사실적 발언들은 말끝마다 트집을 잡혔다. 건듯하면 '허위사실 공표'로 고발당하고 기소되곤 했다. 물론 짜 맞추기식이니 무죄 판결을 받지만 이런 일들은 이재명이 더 커지기 전에 거세하자는 것으로써 보통 피곤한 일이 아니었다. 그 때문이라도 이 두 거대 테마, 즉 토건 비리를 밝히고 부패를 척결해야 하는 주제는 그가 정치에 몸담아 끝장을 봐야 하는 지상 과제이자 절대 명제였다. 이재명은 다시 또 목숨을 걸었다. 그래도 이재명은 죽지 않을 것이다. 개별적 자아를 소멸시켜 가면서 대의민주주의를 실천하는 사람은 두려움이 없는 법이다. 죽을 '나'가 이미 사라졌는데 더 죽을 '나'는 없어서였다. '나'가 사라진 자리는 그가 섬기는 사람들로 그득할 뿐 아니라 그들 모두가 낱낱의 이재명이라고 할 수 있었다.

"그런 게 민심이라는 겁니다.

사람들은 누군가를 기다려 왔습니다. 오늘일까 내일일까 하면서도 지금이 아니라면 그 누군가가 어디에선가 하늘의 수업을 혹독하게 받고 있기를 요망했어요. 그래야 장래에 사람들의 뜻을 이룩할 힘을 갖출 테니까요. 처사님에게 크나큰 시련이 있었다면 그건 사람들의 뜻이었음을 알아채십시오.

시련을 겪어 냈다면 기뻐하세요. 사람들이 처사님을 머슴으로 쓰게 될 것입니다. 그때는 사람들의 뜻에 의한 일들이 펼쳐지게 됩니다. 그런 흐름을 자연이라고 하지요. 그리고 자연은 곧 법입니다. (중략) 대신에 매순간 자신을 죽여야 합니다. 철저하게 죽이세요. '나'가 없어지면 '새 세상'이 열립니다. 새 세상을 펼치고 멀리까지 이끌어갈 존재가 신천웅입니다."

그는 도정을 수행하며 성남시에서 시작한 정책을 업그레이드하며 확장시켜 나갔다. 수많은 정책이 방송과 인터넷을 통하여 크게 알려졌다. 그는 도지사 선거에서 내세운 공약 총 363개 중 297개의 사업을 완료시키며 공약 이행률 96.1%를 달성했다. 시도지사 직무수행 평가 조사에서도 취임 첫 달 최하위로 시작하여 전반기 2년을 마치면서 첫 1위를 기록했다. 대반전을 이룩한 또 한 편의 신화였다. 2014년 7월 이후 6년 동안 수도권 광역자치단체장이 1위에 오른것은 이번이 처음이었다. 그러나 이러한 기록을 논하는 일은 사실상진부한 일이었다. 더욱 중요한 것은 다음의 두 가지였다.

1. 그래서 사람들은 지금 행복한가?
2. 더 좋은 사회를 만들기 위해선 지금 무엇을 해야 하나?

이재명은 한 사람의 공직자가 얼마나 많은 일을 할 수 있는지 알고 있었다. 또 그 공직자의 마음에 사람과 하늘이 담겨 있을 때 얼마나 큰일을 할 수 있는가도 알고 있었다. 그리고 더 많은 사람을 위하여, 더 많은 일을 하기 위하여 얼마나 큰 권한이 필요한지도 알고 있다. 그는 그런 큰 힘이 필요했다. 신명나는 세상을 만들기 위해서였다.

"대왕 신천옹은 하늘에서 내리고 키웁니다. 수업이 무섭지요. 그래도 절대로 죽지 않습니다. 하늘에서 보호하고 있어서 그래요. 어떤 역경도 극복해 냅니다. 그렇다면 일부러라도 험난한 수업을 받아야 합니다. 그렇게 날개의 힘을 기르고 지략을 넓혀야 한번 날면 작은 힘만으로도 웅장한 비행을 할 수 있어요. 상승 기류를 사용할 지혜를 익혔기 때문이지요. 마찬가지로 하늘이 의도한 존재에게는 무서운 시련이 내려옵니다. 대신에 거기서 살아 내면 그때부터 그 존재는 하늘의 도구가 됩니다. 하늘의 머슴이 되는 거지요.

하늘은 허공입니다. 허공은 선하지도 악하지도 않아요. 세상일을 선악으로 나누어선 안 되는 이유가 거기 있습니다. 허공은 사람들의 염원이 새겨지기만 하는 곳입니다. 허공이 파란 색이라면 사람들의 뜻이 파랗기 때문이에요. 허공이 세모 모양이라면 사람들의 뜻이 세모이기 때문이지요. 그런 게 민심이라는 겁니다.

사람들은 누군가를 기다려 왔습니다. 오늘일까 내일일까 하면서도 지금이 아니라면 그 누군가가 어디에선가 하늘의 수업을 혹독하게 받고 있기를 요망했어요. 그래야 장래에 사람들의 뜻을 이룩할 힘을 갖출 테니까요. 처사님에게 크나큰 시련이 있었다면 그건 사람들의 뜻이었음을 알아채십시오.

시련을 겪어 냈다면 기뻐하세요. 사람들이 처사님을 머슴으로 쓰게 될 것입니다. 그때에는 사람들의 뜻에 의한 일들이 펼쳐지게 됩니다. 그런 흐름을 자연이라고 하지요. 그리고 자연은 곧 법입니다."

머지않아 어둠이 닥치고 폭우가 몰아치려는 것 같았다. 백색 가

솜털이 찬란한 신천옹이 절벽을 오르고 있었다. 비행을 준비하려는 것이다. 넓은 물갈퀴 때문에 절벽을 오르는 일 역시 악전고투이다. 숱한 저격수가 각종 진지를 구축하고 매복해서 공격을 할 때마다 날개가 반쯤은 퍼졌다가 접혔다. 그러나 날개를 다 펼치기에는 아직도 때가 일렀다. 훨씬 더 높은 곳까지 그렇게 공격을 받으며 오르다 보면 경계가 사라진 절벽 끝에서 하늘을 만나게 될 것이었다. 그때, 세상은 말할 수 없이 어둡고 태풍은 세상을 뒤집을 듯 하며 격랑은 해변을 집어삼킬 것이었다. 원래가 신천옹의 활공은 거기서 이루어진다. 날개가 너무 크기 때문이다. 그는 갈 길을 재촉했다. 사람들을 이끌고 높고 멀리 날아서 가야 할 세상이 있었다. 마음속의 천년 전 하늘에는 예리, 신속 빠름, 정확, 여유가 소년 이재명을 수호하고 있었다.

2021년 7월 1일 그는 대한민국 제20대 대통령 출마를 공식선언했다.

"대한민국은 민주공화국이다. 대한민국의 주권은 국민에게 있고 모든 권력은 국민으로부터 나온다. 대한민국 헌법 제1조를 읽으면서 두렵고 엄숙한 마음으로 제20대 대한민국 대통령 선거에 출마를 선언합니다. 우리가 국가를 만들고 함께 사는 이유는 더 안전하고 더 나은 삶을 위해서입니다. 국민의 주권 의지를 대신하는 정치는 튼튼한 안보로 국민의 생명과 안전을 지키고 공정한 질서 위에 국민의 더 나은 삶을 일궈 내야 합니다. 약자의 삶을 보듬어 안는 억강부약의 정치로 모두가 함께 잘사는 대동 세상을 열어가야 합니다..."

일송포켓북 일송포켓북은 일송북의 자회사로 한국문학 베스트 시리즈를 출간하고 있습니다.

이문열 《아우와의 만남》
이문열의 소설을 다 읽었다 해도 이 책에 수록된 작품들을 읽지 않고는 결코 이문열 문학을 논할 수 없다!

박범신 《겨울강 하늬바람》
영원한 청년 작가 박범신이 혼신의 힘을 다해서 쓴 이 소설에는 시대의 아픔을 껴안는 그의 문학 정신이 녹아 있다.

이청준 《날개의 집》
초기작부터 최근작에 이르기까지, 이청준 문학의 큰 흐름을 형성하는 소설 중에서 가장 중요한 작품들을 엄선했다.

이승우 《에리직톤의 초상》
'스물두 살의 천재'라는 찬사를 들으며 화려하게 등단한 이래 관념을 소설화하는 독특한 작품세계를 펼쳐 온 이승우의 대표작!

박영한 《왕룽일가》
서울 근교의 우묵배미라는 농촌을 삶의 무대로 살아가는 사람들의 슬프지만 우스꽝스런 이야기들을 형상화한 박영한의 대표작!

윤흥길 《낫》
일본에서 먼저 출간되어 대단한 화제를 불러일으킨 이 작품은 윤흥길 소설만이 갖고 있는 특별한 매력을 물씬 풍기고 있다.

전상국 《유정의 사랑》
전형적인 사랑 이야기와 김유정의 평전이 자연스레 녹아 한 편의 퓨전 소설 형식을 취하며 문학의 새 지평을 연 놀라운 작품이다

윤후명 《무지개를 오르는 발걸음》
윤후명이 아니면 도저히 쓸 수 없는 특유의 문체와 독특한 작품 분위기, 그리고 각별한 재미!

이순원 《램프 속의 여자》
전방위 작가 이순원이 외롭고 슬픈 한 여자를 통해 우리가 살아온 각 시대의 성의 사회사를 살펴본 탁월한 소설이다.

고은주 《아름다운 여름》
아나운서인 여자와 우울증 환자인 남자의 이야기를 통해 '진짜' 당신을 만날 수 있게 해주는 '오늘의 작가 상' 수상작.

이호철 《판문점》
분단 문학을 새로운 차원으로 끌어올린 이호철의 대표작 중 미국과 프랑스에서 출간되어 호평 받은 작품만을 엄선했다.

서영은 《시간의 얼굴》
'너를 진정으로 사랑하여 나를 부수고 다른 나로 태어나려는' 주인공의 열망을 심정적으로 온전히 치른 역작.

김원우 《짐승의 시간》
유니크한 작품세계를 구축하고 있는 김원우 문학의 원형을 보여주는, 젊은 시절의 열정을 고스란히 바 친 첫 번째 장편소설.

한승원 《아버지와 아들》
토속적인 세계와 역사의식을 통해 민족적인 비극과 한을 소설화하면서 독보적인 세계를 구축한 한승원 의 '기리야마 환태평양 도서상' 수상작.

송영 《금지된 시간》
미국 펜클럽 기관지에 소설이 소개되어 새롭게
주목받은 송영이 심혈을 기울여서 쓴 한 몽상가
의 이야기.

조성기 《우리 시대의 사랑》
성과 사랑의 경계에 대한 질문을 던지며 많은 화
제를 모았던 이 작품은 조성기를 인기 소설가로
만들어준 출세작이다.

구효서 《낯선 여름》
다양한 주제를 섭렵하면서 독특한 자기 세계를
구축하고 있는 우리 시대의 중요한 소설가 구효
서의 야심작.

한수산 《푸른 수첩》
짙은 감성과 화려한 문체로 한 시대를 풍미했던
한수산이 전성기 때의 문학적 열정으로 그려낸
빛나는 언어의 축제.

문순태 《징소리》
향토색 짙은 작품으로 우리 소설의 한 축을 굳게
지키고 있는 문순태는 이 작품에서 한에 대한 미
학의 극치를 보여준다.

김주영 《즐거운 우리집》
한국 문단의 탁월한 이야기꾼 김주영의 주옥같은
작품들을 한자리에 묶은 대표작 모음집.

조정래 《유형의 땅》
네티즌이 선정한 2005 대한민국 대표작가 조정
래의 문학적 뿌리는 이 책에 수록된 빛나는 단편
소설이다.